Safiya Hussaini Tungar Tudu
mit Raffaele Masto

Ich, Safiya

Verurteilt zum Tod durch Steinigung

Safiya Hussaini Tungar Tudu
mit Raffaele Masto

Ich, Safiya

Verurteilt zum Tod durch Steinigung

Deutsch von
Theda Krohm-Linke

Blanvalet

Die Originalausgabe erschien 2003 unter dem Titel »Io, Safiya«
bei Sperling & Kupfer Editorei S.p.A., Mailand.

Umwelthinweis:
Dieses Buch und sein Schutzumschlag
wurden auf chlorfrei gebleichtem Papier gedruckt.
Die vor Verschmutzung schützende Einschrumpffolie ist aus
umweltschonender und recyclingfähiger PE-Folie.

Der Blanvalet Verlag ist ein Unternehmen
der Verlagsgruppe Random House.

1. Auflage

Satz: Uhl + Massopust, Aalen
Druck und Bindung: GGP Media GmbH, Pößneck
Printed in Germany
ISBN 3-7645-0183-9

INHALT

PROLOG

Auf der Flucht

Der Busch. Und die flirrende Hitze so weit das Auge reicht. Der rötliche Ockerton des Gestrüpps, der Akazien und Affenbrotbäume am Horizont. Hier bin ich geboren. Unzählige Male bin ich barfuß hier umhergestreift, aber an jenem Morgen kannte ich mich kaum aus. Ich hatte das Gefühl, die Umgebung sei fremd, feindselig wie alles, das mir einmal vertraut gewesen war. Die Welt, in der ich mich sicher gefühlt hatte, die Menschen, die ich als meine Freunde angesehen hatte. Jene Welt und jene Menschen hatten für mich das schlimmste Schicksal vorgesehen. Ein schreckliches Ende. Und in den letzten beiden Tagen hatte ich versucht, ihm zu entkommen.

Mein Schicksal... Ich musste unablässig daran denken. Wie ein böser Schatten belauerte es mich, setzte sich in meinen Gedanken fest, bereit hervorzuspringen und mich zu erschrecken, wenn mein Blick auf einen Stein fiel, einen der zahlreichen Steine auf dem staubigen Boden. Sie wollten mich mit Steinen töten. Mein Schicksal war es, zu Tode gesteinigt zu werden. Ich sah mich schon bis zu den Schultern eingegraben, den Kopf mit Sackleinen bedeckt, und dann spürte ich, wie die Steine auf meinen Kopf niederprasselten, mich trafen, bis ich den letzten Atemzug tat. Ich spürte den Schmerz, spürte, wie mir das Blut übers Gesicht rann, und fragte mich, wie lange die Qual wohl dauern würde, bis der Tod mich erlöste.

In gewissem Sinn bin ich bereits tot, dachte ich bei mir, während ich mich durch die schwüle Hitze vorwärts kämpfte. Ich hatte durch meine Flucht nicht nur mein Dorf, Tungar Tudu, hinter mir gelassen, sondern auch meine Wurzeln. Alles lag hinter mir, und vor mir waren nur Dunkelheit, Angst und Tod. Und meine einzige Gewissheit, das Einzige, was mich am Leben hielt, war Adama, mein Kind. Sie war bei mir, ich spürte ihren warmen, weichen Körper auf meinem Rücken. Adama, die, ohne es zu wissen, die Ursache meiner Tragödie war.

Ich hatte Angst … noch nie in meinem ganzen Leben hatte ich solche Angst gehabt. Ich hatte Angst wie ein Tier, das in der Falle sitzt, solche Angst, dass ich ziellos durch den Busch irrte. Meine Beine trugen mich kaum noch. Wie lange würde ich noch durchhalten? Und wie lange würde Adama es überleben, sie war noch so zerbrechlich und klein. Die wenigen Nahrungsmittel, die ich eilig zusammengerafft hatte, als ich geflohen war, waren längst verbraucht. Ich hatte weder Dörrfleisch noch Mehl oder Milch. Das bisschen Wasser, was noch übrig war, wollte ich aufheben, falls Adama aufwachte.

Jetzt stand die Sonne hoch am Himmel. Mein Kind und ich, wir würden sterben, wenn ich weiterginge. Ich musste einen Unterschlupf finden und warten, bis die Sonne unterging. Nicht weit von mir entfernt stand ein Baum. Ich wankte darauf zu, aber gerade als ich meine Matte darunter ausbreiten wollte, sah ich in der Ferne einen Hirten mit seiner Kamelherde … Wenn ich zu ihm gelangen könnte, könnte ich ihn um Essen und Wasser bitten! Ich nahm all meine Kraft zusammen, um zu rufen und seine Aufmerksamkeit auf mich zu lenken, aber etwas hielt mich zurück. Nein! Ruf ihn nicht! Versteck dich! Alle im Dorf wissen doch mittlerweile von deiner Strafe, und wer dich sieht, muss dich bei der Polizei anzeigen.

Verzweifelt lehnte ich mich an den Baumstamm. Mit meinen Blicken verfolgte ich den Hirten und seine Herde, bis sie im gelblichen Dunst verschwunden waren. Und dann brach ich, zum ersten Mal, seit ich mein Dorf verlassen hatte, in Tränen aus, weil mir mit einem Schlag bewusst geworden war, wie unendlich einsam ich war. Kein Mensch konnte mir helfen. Was würde aus meinem Kind und mir werden? Ich blickte auf Adama, die schlafend neben mir auf der Matte lag. Ich jedoch blieb wach und wartete darauf, dass die Sonne unterging. Diese Tageszeit hatte ich immer besonders geliebt. Sonst unterbrach ich dann immer meine Arbeit und ließ meinen Träumen und meiner Fantasie freien Lauf, während ich beobachtete, wie sich die Farben veränderten und die Schatten seltsame Figuren auf den Boden warfen.

Aber als an jenem Tag die Sonne endlich hinter dem Horizont verschwand, freute ich mich überhaupt nicht darüber. Es war mir egal, dass die Luft kühler wurde; und als ich mir Adama erneut auf die Schultern hievte, war ich völlig erschöpft. Der Hirte war bestimmt mit seinen Kamelen auf dem Weg zu einem Brunnen, und ich würde die gleiche Richtung einschlagen. Wenn ich überleben wollte, war Wasser wichtiger als Essen.

Ich ging los. Meine Kehle war ausgedörrt, mein Mund trocken. Um mich herum lag alles im Dunst, aber ich wusste nicht genau, ob wegen der Hitze oder meiner Schwäche. Ich schleppte mich vorwärts, und jeder Schritt fiel mir unsäglich schwer.

Adama begann zu wimmern. Sie hatte vor zwei Tagen das letzte Mal feste Nahrung bekommen, das arme Kind. Ihr ging es bestimmt noch viel schlechter als mir. Ich blieb stehen, um ihr die letzten Tropfen Wasser zu geben. Durstig trank sie, und ich fragte mich voller Angst, was wohl geschehen würde, wenn ich nicht bald den Brunnen fände. Mittlerweile sah ich alles nur noch verschwommen; ich schwankte und stolperte über meine eigenen Füße. Ich lief und lief, aber schließlich wurde es finster, und ich musste einsehen, dass es keinen Sinn hatte, in der Dunkelheit weiterzugehen. Den Brunnen hatte ich noch nicht gefunden, vielleicht war ich ja in die falsche Richtung gegangen. Vielleicht wollte Gott, dass ich gesteinigt wurde, weil ich ein ernstes Unrecht begangen hatte, das ich in meiner Verwirrung nur nicht verstehen konnte.

Verzweifelt breitete ich meine Matte unter einen Baum aus. Ich legte Adama darauf und ließ mich dann neben sie sinken, den Rücken an den Stamm gelehnt. Das Kind wachte auf, genau wie ich es befürchtet hatte. Mir tat das Herz weh bei ihrem verzweifelten Schreien. Es war schrecklich, sie so hungrig und durstig zu sehen und ihr nichts außer meiner Liebe geben zu können. Ich nahm sie in die Arme, streichelte sie und flüsterte ihr beruhigende Worte zu, und innerhalb weniger Minuten war sie wieder eingeschlafen.

Dort, unter dem Baum in der Dunkelheit überfiel mich wieder der Gedanke an mein Schicksal. Die Steine, die Schmerzen, das Blut. Mein Blut … Tod … Langsam glitt ich in den Schlaf hinüber, der von Albträumen gequält wurde.

Als ich erwachte, ging bereits die Sonne auf. Der dritte Sonnenaufgang, seit ich geflohen war. Adama schlief noch, aber sie konnte jeden Moment wach werden. Und dann würde sie wieder vor Hunger und Durst anfangen zu schreien, und ich konnte ihr nicht helfen. Wach nicht auf, mein Kind, schlaf weiter, dachte ich. Es ist besser so, dann fühlst du weder Hunger noch Durst oder Schmerzen …

Als ich sie in diesem traurigen Moment betrachtete, wurde

mir klar, dass nichts auf der ganzen Welt wichtiger war als Adama, noch nicht einmal mein eigenes Überleben. Ich hätte mein Leben gegeben, um sie zu retten. Wenn es mir gelänge, in ein Dorf zu kommen, dann würde ich mich der Polizei stellen, und Adama wäre in Sicherheit. Hier im Busch würden wir beide sterben, und selbst der Gedanke, zu Tode gesteinigt zu werden, erschien mir verlockender als im Busch zu bleiben. Besser, unter Menschen zu sterben, von Menschen getötet zu werden, als wie verwundete Tiere zu verenden.

Wie zur Bestätigung blickte ich mich noch einmal um – und da sah ich den Brunnen. Er war nur wenige Meter entfernt. In der Nacht zuvor war ich so erschöpft gewesen, dass ich ihn in der Dunkelheit nicht erkennen konnte. Jetzt konnte ich meinen und Adamas Durst stillen. Rettung! Das war ein Zeichen Gottes, ganz sicher. Er zeigte mir seinen Willen: Adama und ich sollten leben.

Ich stand auf, um zum Brunnen zu gehen, war aber zu schwach, um mich auf den Beinen zu halten, deshalb kroch ich keuchend darauf zu. Ich griff nach dem Eimer, der für Vorbeikommende immer bereitlag, ließ ihn am Seil herunter und zog ihn wieder hoch. Diese Bewegung, die ich schon so oft in meinem Leben vollzogen hatte, kostete mich eine ungeheure Kraftanstrengung.

Als der Eimer wieder über den Rand des Brunnens glitt, war ich völlig erschöpft. Ich musste etwas trinken, schaffte es jedoch nicht, weil ich zu schwach war. Aber Gott konnte mich doch nicht umsonst zu diesem Brunnen geführt haben. Ein paar Tropfen Wasser fielen mir auf die Hände. Ein erfrischendes Gefühl – und es gab mir die Kraft zu trinken. Mit meinen aufgesprungenen Lippen berührte ich das Wasser. Ein Schluck, noch ein Schluck… und das Leben kehrte in mich zurück. Das Wasser benetzte meinen Körper wie Regen die ausgetrockneten Felder. Ich trank, bis ich mich so weit wieder erholt hatte, dass ich auch Adama, die in der Zwischenzeit aufgewacht war, zu trinken geben konnte. Und auch in sie kehrte das Leben zurück, und ihr Schreien durchbrach die Stille des Tages. Jetzt hatte mein Baby Hunger. Ein weiteres Zeichen von Gott. Er hatte uns Wasser gegeben, aber kein Essen. Wenn ich unseren Hunger stillen wollte, musste ich in ein Dorf gehen und um Hilfe bitten.

Es war Zeit zu beten. Ganz langsam streckte ich mich auf meiner Matte aus, selbst dies strengte mich an. Und in diesem Moment gab Gott mir noch ein Zeichen. Einen Baum. Ein Baobab, anders als die anderen, mit einem dicken, hohlen Stamm, fast wie eine Höhle. Ich wollte meinen Augen nicht trauen – das konnte doch nicht wirklich *der* Baum sein! Aber er war es. Ich kannte ihn nur zu gut. Seine ungewöhnliche Form hatte schon immer meine Aufmerksamkeit erregt. Wann war das gewesen? Ja, natürlich, wenn ich einen der Brüder meines Vaters in Jinjina besuchte. Ja, ich hatte Recht. Dort war der Weg und auch der Hügel. Jinjina lag direkt dahinter. Ich hob Adama hoch und band sie wieder auf meinem Rücken fest. Eine letzte, entschlossene Anstrengung, und ich ging langsam weiter. Vorsichtig setzte ich einen Fuß vor den anderen, damit ich nicht hinfiel.

Der Weg kam mir endlos vor, als ob ich stundenlang gelaufen wäre. Aber das lag natürlich nur an meiner Erschöpfung. Als ich Jinjina erreichte, stellte ich fest, dass die Sonne immer noch nicht hoch am Himmel stand. Die alten Leute, die vor ihren Hütten saßen, blickten mir überrascht und auch ein wenig misstrauisch entgegen. Ich muss ein schrecklicher Anblick gewesen sein.

Am Haus meines Onkels zögerte ich einen Moment lang, dann trat ich ein. Er brachte mir sofort eine Schüssel Reis mit

Cassava und Fleisch. Schweigend wartete er, während ich aß und Adama fütterte, und dann sprach er offen mit mir. Er wusste von meiner Strafe und dass ich geflohen war. Ich musste schon um meines Vaters willen zurück nach Tungar Tudu – er war verzweifelt, weil er glaubte, er habe mich für immer verloren. Mein Onkel fügte hinzu, er würde für mich beten, und meine Familie würde nichts unversucht lassen, um mich zu retten. Es gab noch Hoffnung, ich konnte gegen die Steinigung Einspruch erheben.

Die Worte meines Onkels beruhigten mich. Vielleicht war meine Flucht ja überstürzt gewesen, oder schlimmer noch, gedankenlos. Ich war nicht alleine: Meine Familie war da und bereit, sich hinter mich zu stellen und mir zu helfen.

Schließlich entschuldigte mein Onkel sich und ging, um sein Morgengebet zu verrichten. Ich war allein mit Adama. Da ihr Bauch jetzt voll war, war sie wieder eingeschlafen. Glücklich und voller Vertrauen streckte ich mich auf der Matte aus und schlief ebenfalls ein. Kurz bevor mir die Augen zufielen, hatte ich entschieden, was ich am nächsten Morgen tun würde … Ich würde nach Hause zurückkehren, nach Tungar Tudu, in mein Dorf, wo alles begonnen hatte …

EINS

Hausa-Kindheit

Safiya. Mein Name bedeutet ruhig, friedlich, rein, und ich vermute, mein Vater hat mich, von Allah geleitet, so genannt, um mich zu schützen. Jetzt, wo der Sturm, der mein Leben verwüstet hat, vorüber ist, glaube ich, es wäre mir nie gelungen, die entsetzlichen Qualen, denen ich ausgesetzt war, zu überstehen, wenn ich nicht im Herzen ruhig, friedlich und rein gewesen wäre.

Mein voller Name lautet Safiya Hussaini Tungar Tudu, was in etwa heißt: Safiya von der Familie Hussain aus Tungar Tudu. Tungar Tudu ist ein Dorf im Bezirk Sokoto, einem der moslemischen Gebiete in Nordnigeria, nahe der Sahel. Für mich ist es ein einzigartiger Ort. Es ist das Dorf, in dem ich geboren und aufgewachsen bin und in das ich nach so schweren Zeiten zurückgekehrt bin. Es ist mein Nest, mein Heiligtum, der einzige Ort, an dem ich glücklich bin und leben will.

Tungar Tudu unterscheidet sich eigentlich in nichts von den anderen Dörfern in der Region. Es ist eine Ansammlung runder Lehmhütten, die alle gleich aussehen. Jede Hütte verfügt über einen großen Schlafraum, der mit Vorhängen abgeteilt ist. Manchmal gibt es stattdessen auch viele kleine, voll gestopfte Zimmer, die alle zum Hof gehen. Dort im Hof findet das alltägliche Leben der Familie statt – die Mahlzeiten, die Hausarbeit, Besuche, Gespräche, Spiele –, und manchmal gibt es auch ein kleines Gemüsebeet oder einen Garten, wie bei uns. Das einzige Gebäude, das die Gleichförmigkeit durchbricht, ist die Moschee, ein großer Bau mit einer kreisrunden Kuppel, der etwas entfernt von den Hütten steht.

Zu unserem Leben gehören die Sonne und der Busch. Die Sonne steht für den Lauf der Zeit. Der Busch – diese grenzenlose, mit riesigen *kuka* (Affenbrotbäumen) und Sträuchern bestandene Weite – ist unser Zuhause. Ziegen, Kühe und Kamele weiden im Busch; aus der Erde bauen wir unsere Häuser, und wir versuchen, auf den trockenen Schollen Pflanzen und Gemüse zu ziehen. Deshalb nennen wir uns auch Buschleute.

Die größte Bedrohung für unser einfaches, zufriedenes Leben – und vor allem für die Kinder – stellen die Hyänen dar. Der Busch ist voller Hyänen, aber man sieht sie nur selten, man hört sie lediglich. Sobald die Sonne untergeht, schallt ihr Heulen durch den Busch, und je weiter die Nacht fortschreitet und je näher die Tiere ans Dorf herankommen, desto lauter wird es. Die Menschen halten sich nachts in ihren Hütten auf, aber die Hyänen sind trotzdem eine Bedrohung, weil sie sich bis ins Dorf hineinwagen. Sie durchwühlen die Abfallhaufen im Hof, und die Hirten müssen sich rasch vergewissern, dass ihrem Vieh nichts passieren kann. Sie bringen die Tiere bei Sonnenuntergang immer von der Weide zurück ins Dorf und treiben sie dort in den Pferch, der äußerst sorgfältig gesichert sein muss, weil eine hungrige Hyäne durchaus ihre Furcht vor den Menschen überwinden kann. Es passiert häufig, dass man von den verzweifelten Schreien eines Hirten erwacht, der in der Nacht ein Schaf verloren hat. Aus diesem Grund lassen die Dorfbewohner meistens die Überreste von geschlachteten Tieren vor dem Dorf liegen, damit die Hyänen sie fressen können.

Das Heulen einer Hyäne hört sich grauenhaft an und ist manchmal so durchdringend, dass man die ganze Nacht nicht schlafen kann. Sie sind ruhelose Geister, die durch den Busch streifen und unsere Ängste wecken. Bei Tagesanbruch sind diese Gedanken jedoch glücklicherweise verschwunden. Die Sonne erfüllt das Dorf mit Leben und treibt die Hyänen tief in den Busch zurück.

Unser Volk heißt Hausa. Wir sind eine groß gewachsene Rasse und stammen aus diesem Teil von Nigeria. In unseren Adern fließt jedoch auch Fulani-Blut. Die Fulani sind Nomadenbauern aus dem Norden, die auf der Suche nach Weideland in unser Land kamen. Seit Jahrhunderten schon lebt mein Volk nach den Lehren des Islam. Unser religiöser Glaube ist ein wichtiger Bestandteil unseres Lebens. Der Tag beginnt und endet mit Gebeten, und Allah lenkt unser Tun.

Für uns Hausa sind unsere Hütten und unser Dorf ein Geschenk Gottes. Allah möchte, dass wir dort gemäß den Vorschriften des Korans ein Leben in Harmonie führen. Deshalb ist das Dorf für mein Volk so wichtig. Jedes Dorf, selbst das kleinste, hat seine eigene Geschichte, auch wenn alle Orte gleich aussehen. Unsere Hütten scheinen nur aus Lehm und sonst nichts zu bestehen, und sie wirken zerbrechlich. In Wahrheit jedoch sind sie so sicher und solide wie die Granitfelsen der Berge. Sie zu bauen ist eine Art Ritus, eine Dankzeremonie für Allah. Das gesamte Dorf ist daran beteiligt; die Leute beten in der Moschee darum, dass das neue Haus seinen Bewohnern Glück bringen möge. Die rote Erde für die kreisförmigen Wände wird mit viel Wasser vermischt, und alle Kinder aus dem Dorf helfen dabei, es vom Brunnen zum Bauplatz zu tragen. Die Erde wird um ein Gerüst aus Stöcken, die mit Pflanzenfasern über Kreuz zusammengebunden sind, festgedrückt. Das Gerüst stützt die Wände und macht sie solide. Das Dach des Hauses besteht aus großen, zusammengebundenen Bananenblättern, die mit Grassoden bedeckt werden, die in der Sonne trocknen. Zum Schluss wird der Hof gebaut. Eine Sandfläche wird von Steinen befreit, geglättet und von brusthohen Mauern umgeben. Im Hof befindet sich auch die Kochstelle, ein Kreis aus geschwärzten Steinen, und eine Veranda mit belaubten Ästen, die Schatten spenden. Haustiere, wie Hühner zum Beispiel, laufen frei herum. Die Mauern der Häuser sind alle gleich hoch, so dass das Dorf von außen aussieht wie eine Festung. Und tatsächlich brauchen unsere Dörfer auch keinen Schutz, weil wir Buschleute friedliebend und Durchreisende immer willkommen sind.

Meine Kindheit im Dorf war glücklich. Ich denke gerne an diese Zeit zurück, und meine Erinnerungen sind lebhaft und süß. Manchmal fühle ich mich wieder wie die kleine Safiya – gehorsam und artig, aber auch sehr neugierig. Vor unserem Haus war der Dorfbrunnen – das Herz unseres Gemeinschaftslebens. Dort versammeln sich die Frauen, um Wasser zu holen und bei dieser Gelegenheit miteinander zu plaudern und Neuigkeiten und Klatsch auszutauschen. Als ich klein war, hörte ich ihnen immer gerne zu, und wenn eine Frau ging, bevor sie ihre Geschichte zu Ende erzählt hatte, kam ich am nächsten Tag wieder, um mir den Rest anzuhören. Ich tat dann immer so, als spielte ich, aber in Wirklichkeit wartete ich auf die Frauen.

Unsere Familie ist sich sehr nahe. Der Name meines Vaters ist Mallam Hussaini, der meiner Mutter Maliya. Ich bin das dritte von fünf Kindern und habe zwei ältere Schwestern namens Hadiza und Halimatu, eine jüngere Schwester namens Safaratu, und einen kleinen Bruder, der Muhammadu heißt. Er ist der Jüngste von allen.

Mein Vater war in Tungar Tudu immer sehr angesehen. Er war der Dorfbarbier, und als ich klein war, habe ich ihm gerne bei der Arbeit zugesehen, die im Schatten eines prachtvollen Mangobaums stattfand. Barbiere gelten viel in unserer Gegend. Das Handwerk wird von Generation zu Generation weitergegeben, und der Barbier gilt als weiser Mann im Dorf. Unter dem Mangobaum berichteten die Kunden meines Vaters ihm von ihren Problemen oder Schwierigkeiten. Mein Vater hörte aufmerksam zu, bedachte dann die Angelegenheit und gab einen Rat, der auf gesundem Menschenverstand und den Prinzipien der moslemischen Religion beruhte. Er hatte an der örtlichen Koranschule studiert und war ein Lehrer geworden. Der moslemische Glauben war ein wesentlicher Bestandteil seines Lebens, und das vermittelte er auch uns.

In unserer Region führt der Dorfbarbier oft auch die Beschneidung durch. Dieser traditionellen religiösen Praktik wohnt die ganze Bevölkerung bei. Mein Vater hatte sich einen Ruf als sehr erfahrener Beschneider erworben. Als ich klein war und niemand von mir Notiz nahm, sah ich ihm oft bei dem Ritual zu. Er legte das Kind in eine Vertiefung im Boden, nahm ein scharfes Messer und durchschnitt die Vorhaut. Der Junge brach natürlich in Tränen aus, und mein Vater streichelte ihm so lange über den Kopf, bis die Eltern kamen und ihn wieder mitnahmen. Wenn das Kind aufgehört hatte zu weinen, dankten alle Familienmitglieder meinem Vater und brachten ihm Geschenke.

Maliya, meine Mutter, war eine sehr ruhige und bescheidene Frau. Sie war sehr lieb, und in ihrer Umgebung herrschte immer Frieden. Ich kann mich nicht daran erinnern, dass sie je ihre Stimme erhoben hätte. Dank ihr wurden die verzwicktesten Probleme und die schwierigsten Augenblicke leichter. Ich vergötterte sie und fand, sie hatte ein wunderschönes Gesicht, mit scharfen und dennoch weichen Zügen. Sie ging rasch, aber niemals hastig, und als ich klein war, ahmte ich ihren Gang oft nach. Manchmal sah ich ihr fasziniert zu, wie sie ihre Hausarbeit verrichtete oder Matten webte – eine Arbeit, der viele Frauen in unserer Region nachgehen, um das Familieneinkommen aufzubessern. Ich fand, sie hatte einen hervorragenden Geschmack bei der Wahl der Farben, und in meinen Augen war jede einzelne Matte ein Meisterstück.

Obwohl sie wusste, wie sehr ich sie liebte und wie sehr ich mich nach ihrer Zuneigung sehnte, versuchte Mama immer, ihre Liebe gleichmäßig auf mich und meine Geschwister zu verteilen. Wenn sie bemerkte, dass ich ihre Aufmerksamkeit auf mich zu ziehen versuchte, forderte sie mich auf, auf meine kleine Schwester Safaratu aufzupassen. Ich sollte lernen, dass in einer so großen Familie wie der unseren jeder gleiche Rechte und besondere Pflichten hat. Deshalb band ich mir Safaratu oft auf den Rücken, wie es meine Mutter bestimmt auch mit mir getan hatte.

Meine älteren Schwestern Hadiza und Halimatu waren bereits erwachsen. Sie waren immer sehr beschäftigt, deshalb spielte ich nur selten mit ihnen. Safaratu und ich waren die umtriebigen kleinen Schwestern, deshalb mussten sie auf uns aufpassen und uns vor Ärger bewahren. Sie waren beide verheiratet worden, als ich gerade heranwuchs. Außer um Sarafatu kümmerte ich mich auch um meinen kleinen Bruder Muhammadu. Er war der Jüngste von uns, und ich war für ihn verantwortlich. Ich musste dafür sorgen, dass er nicht weinte, ich musste ihn füttern, mit ihm spielen und zusehen, dass er sich gut benahm.

Ich versuchte, mich so um ihn zu kümmern, wie es meine Mutter tun würde: Ich war lieb zu ihm, sang ihm Schlaflieder vor und kuschelte mit ihm. Wenn ich ihn auf meinen Rücken band und er dann aufhörte zu weinen, war ich immer äußerst zufrieden mit mir. Als er älter wurde, wurde Muhammadu ein lebhafter, ungebärdiger Junge. In unserer Gesellschaft sind Jungen und Männer absolut frei, sie haben keine Pflichten oder Aufgaben. Ich beneidete Muhammadu darum, vor allem, wenn er seine Meinung zu den Tatsachen des Lebens und den täglichen Problemen der Familie kundtat – was Mädchen nicht zustand.

Schon als er ein kleiner Junge war, erkannte ich in ihm die ungestüme, unberechenbare, labile und übellaunige Person, die er als Erwachsener werden sollte. Diese Charakterzüge hatten eine verheerende Wirkung auf mein Leben.

Der wichtigste Mensch meiner Kindheit war meine Großmutter mütterlicherseits, Maria. Großmutter besaß eine sehr ausgeprägte Persönlichkeit und galt als sehr weise. Es wurden keine Entscheidungen getroffen, ohne dass man sie vorher zu Rate zog. Allerdings wurde nie darüber geredet. In unserer Gesellschaft spielen Frauen eine geringere Rolle im Vergleich zu Männern und müssen sich im Hintergrund halten. Es war jedoch einfach unvorstellbar, irgendetwas im Haus zu entscheiden, ohne Großmutter vorher zu fragen. Vielleicht war ich deshalb so fasziniert von ihr. Für mich war sie ein Vorbild, dem ich nacheifern wollte.

Großmutter mochte mich besonders gerne, ihr gefiel wohl, dass ich neugierig war und alles wissen wollte. Wenn sie uns besuchen kam, begleitete ich sie immer zurück nach Hause, um ihr bei der Hausarbeit zu helfen, damit sie mehr Zeit hatte, um Matten und Teppiche zu weben. Sie war bekannt für ihre Fähigkeiten. Ich glühte immer vor Stolz, wenn ich neben Großmutter durchs Dorf ging. Ich tat mein Bestes, um mit ihr Schritt zu halten, und wenn sie mit mir redete, blickte ich mich ständig um, um mich zu vergewissern, dass es auch alle mitbekamen.

Ich bemühte mich immer, ihre Hausarbeit so schnell und gut wie möglich zu erledigen, in der Hoffnung, dass sie mich dann lobte. Wenn ich fertig war, eilte ich nach Hause und schaute auf dem Heimweg bei der Koranschule vorbei, wo eine von Großmutters Töchtern Lehrerin war. Großmutter hatte vorgeschlagen, ich solle dort am Unterricht teilnehmen, aber ich war noch zu klein, um wirklich zu verstehen, was vor sich ging. Ich war jedoch sehr stolz darauf, weil es für mich der Beweis war, dass ich in Großmutters Augen trotz meiner Jugend schon erwachsen war.

Großmutters Tod war der erste schwere Schlag meines Lebens. Ich war noch sehr klein damals und litt furchtbar. Ich konnte einfach nicht glauben, dass eine so wunderbare Frau nicht mehr am Leben war. Ich haderte mit Gott und fragte ihn, wie er so etwas hatte zulassen können. Aber mit Hilfe meines Vaters kam ich schließlich über Großmutters Tod hinweg. Er war sehr feinfühlig, und als er merkte, wie niedergeschmettert ich war, rief er mich zu sich und erklärte mir liebevoll, dass der Tod unausweichlich ist, ein Übergang im Leben, der uns näher zu Gott bringt. Ich kann mich lebhaft daran erinnern, wie er mir bei diesen Worten über den Kopf strich, und auch die sanfte Berührung seiner Hände hat sich mir eingeprägt. Ich weiß heute noch jedes einzelne Wort, das er mit seiner ruhigen Stimme sagte, und ich werde es nie vergessen. Damals konnte ich es natürlich nicht begreifen, aber das war der erste Beweis der tiefen Liebe, die mein Vater für mich hegte. Und diese tiefe Liebe für mich blieb unverändert, auch als alle Hoffnung verloren schien.

ZWEI

Schule!

Ich hatte schon immer davon geträumt, zur Schule zu gehen. Ich spürte, dass es eine Verbesserung, einen Sprung nach vorne bedeuten würde – etwas, das zeigte, dass auch ich zählte. Als ich noch ein kleines Mädchen war, ermunterte mich meine Großmutter, den Unterricht in der Koranschule im Dorf zu besuchen, und das stachelte meinen Ehrgeiz nur noch mehr an. Die hohe Meinung, die meine Großmutter offenbar von mir hatte, erfüllte mich mit Stolz. Ganz zufrieden machte es mich allerdings nicht, schließlich war es ein großer Unterschied, ob man nur ab und zu die Schule besuchte oder regelmäßig dorthin ging.

Ich hielt mich meistens abseits von den anderen Kindern, die sich unter einem großen Baum um den *mallam* – den Lehrer – scharten, und sah ihnen zu, wie sie Verse aus dem Koran auf ihre Tafeln abschrieben. Es war wie ein symbolischer Akt – ein Zeichen, dass sie treue Gläubige werden würden. Ich lauschte ihnen, wenn sie die Zeilen rezitierten, und sah sie dann in fröhliches Geschrei ausbrechen, sobald der Unterricht vorüber war und sie, ihre Tafeln fest an sich gedrückt, nach Hause rannten. Während ich stumm den Heimweg antrat, fragte ich mich, wann ich wohl so werden würde wie sie.

Auch mein Vater unterrichtete an der Koranschule. Eines Tages sagte er, er wolle mir mit Hilfe des Korans die Anfänge im Lesen und Schreiben beibringen. Ein weiterer Schritt nach vorne – etwas, auf das ich stolz sein konnte, weil mein Vater glaubte, ich sei die Mühe wert. Aber immer noch war es nicht die Schule, nach der ich mich sehnte. Wann war ich denn endlich an der Reihe?

Aber dann ging auf einmal alles sehr schnell. Als ich sieben Jahre alt war, weckte mich meine Mutter eines Morgens und sagte mir, ich solle mich beeilen, weil mein Vater mit mir sprechen wolle. Zuerst hatte ich Angst. Vielleicht wollte er mich ja ausschimpfen, weil ich am Tag zuvor etwas Falsches getan oder mich schlecht benommen hatte. Ich dachte angestrengt nach, aber mir fiel nichts ein, was ich angestellt haben könnte. Als ich den Kopf in das Zimmer steckte, in dem er immer betete und arbeitete – es war ein voll gestopfter kleiner Raum, abseits vom Haus, der auf den Hof ging –, war ich immer noch besorgt.

Mein Vater saß aufrecht auf seiner weiß-grünen Matte, das Gewand fiel über seine gekreuzten Beine. Diese Position machte mich vor Staunen immer ganz fassungslos: Wie konnte jemand nur so lange so dasitzen, ohne sich zu rühren? Er hatte gerade sein Gebet beendet, und das aufgeschlagene Buch neben ihm sagte mir, dass er auch schon seine tägliche Koranlesung hinter sich hatte. Er bedeutete mir, mich hinzusetzen, dann blickte er mich an und lächelte.

Ich stieß einen erleichterten Seufzer aus. Endlich wusste ich, dass er mich nicht ausschimpfen wollte. Dann begann er zu reden.

»Safiya, du bist schon sieben Jahre alt. Es ist an der Zeit, dass du etwas über den Islam lernst. Er schenkt uns Frieden und Glück und hilft uns, in dieser Welt zu leben«, sagte er. Zuerst glaubte ich, er wolle meine Koranstunden gründlicher gestalten, aber als er fortfuhr, begriff ich endlich, worauf er hinauswollte. »Du darfst nicht nur von mir lernen, sondern du musst lernen, mit Disziplin und Beständigkeit zu studieren. Auch das Lernen will gelernt sein, und du musst mit Kindern in deinem Alter zusammenkommen. Dein Unterricht bei mir war ein Privileg Allahs. Von nun an bist du für dich selbst verantwortlich. Es liegt jetzt an dir. In ein paar Tagen gehst du in die Koranschule. Dein Lehrer wird Mallam Shehu sein.«

Ich war fassungslos. Endlich! Auch ich würde eine Holztafel mit den Versen aus dem Heiligen Buch bekommen! Ich würde zu den anderen Kindern gehören, würde es wert sein, erwachsen zu werden und unsere Religion zu lernen! Auch ich! Auch ich!

Offensichtlich strahlte ich über das ganze Gesicht, denn mein Vater warnte mich sofort: »Sei achtsam, Safiya! Es ist nicht leicht, methodisch zu lernen. Es ist sehr anstrengend, und wenn du wirklich eine gute Schülerin sein willst, musst du sehr entschlossen vorgehen.«

Fast flüsternd stieß ich hervor, dass ich äußerst entschlossen sei. Mein Vater reichte mir ein wenig Geld und sagte mir, ich solle eine Peitsche kaufen. »Du musst sie an deinem ersten Schultag mitnehmen«, sagte er. Als er meinen verständnislosen Gesichtsausdruck sah, fügte er hinzu: »Du wirst es schon verstehen.« Damit war ich entlassen.

Strahlend vor Glück rannte ich aus dem Haus. Am Brunnen standen noch ein paar Frauen, die dort Wasser holten, und am liebsten hätte ich die Neuigkeiten laut herausposaunt. Jeder Einzelne im Dorf sollte davon erfahren! Ich stellte mir vor, wie meine neuen Klassenkameraden wohl waren, ich sah mich unter dem Baum sitzen, ich sah mich lesen, schreiben und der ruhigen Stimme des *mallam* lauschen, der mich lobte, weil ich eine so fleißige Schülerin war. Ich war so begeistert, dass ich fast glaubte, deutlich hören zu können, wie er mich aufforderte, einigen anderen Kindern, die nicht mitkamen, zu helfen.

Als ich vom Brunnen zurückkam, suchte ich nach Mama. Ich wollte ihr von den großartigen Neuigkeiten berichten. Aber anscheinend wusste sie es bereits. Lächelnd sagte sie, sie freue sich für mich, aber jetzt solle ich mich beruhigen und mich um Muhammadu kümmern.

Ich glühte immer noch vor Aufregung, als ich zu meinem kleinen Bruder ging. Wenn doch Großmutter an diesem Tag bei uns sein könnte … Es würde mich so stolz machen, wenn sie allen im Ort erzählen würde, dass ich zur Schule ginge. Ich betete sogar zu Allah, er möge Großmutter zu uns schicken. Aber sie kam nicht. Niedergeschlagen verbrachte ich den ganzen Tag mit Muhammadu. Er war noch mutwilliger als sonst, und ich musste ihm ständig nachrennen, damit er sich nicht wehtat. Ich musste ihm zu essen geben und mit ihm spielen. Zum Träumen hatte ich keine Zeit mehr.

Sonnenschein, die Vögel zwitscherten, der Morgen war da. Der Tag, den ich so sehr herbeigesehnt hatte: mein erster Schultag. Ich war früher als sonst aufgewacht und lag mit offenen Augen auf meiner Matte. Ich war so aufgeregt, dass ich es kaum erwarten konnte, endlich zur Schule zu gehen. Aus dem Hof kamen gedämpfte Geräusche, und ich hörte das Gackern und Scharren der Hühner. Wie gewöhnlich war Mama bereits auf und verrichtete leise ihre Pflichten, um uns nicht zu wecken. Jetzt hielt es mich nicht mehr im Bett, ich stand auf und lief zu ihr. Eigentlich erwartete ich, dass sie irgendetwas Besonderes sagen oder tun würde, als Hinweis darauf, dass heute ein einzigartiger Tag war. Aber sie sagte nur: »Geh zum Brunnen und hol Wasser, Safiya. Ich lege dir dein neues Kleid und deinen Schleier für den ersten Schultag heraus.«

Ich traute meinen Ohren kaum. Wütend ergriff ich die Lederflaschen. Was? Ich sollte zum Brunnen gehen und Wasser holen? Mama verlangte von mir, dass ich selbst an einem so außergewöhnlichen Tag meinen ganz normalen Pflichten nachkam? Verdiente ich es denn nicht, in Frieden gelassen zu werden, um mich auf meinen großen Tag vorzubereiten? Es dauerte Jahre, bis ich verstand, warum meine Mutter sich so verhielt. Sie gab mir dadurch ein unausgesprochenes, aber doch deutliches Zeichen: Ich war zwar Schülerin geworden, musste aber trotzdem wie jede andere Frau in unserer Gesellschaft meine täglichen Pflichten erfüllen. Der Schulbesuch kam zur Arbeit einfach noch hinzu. Mein Leben wurde immer ausgefüllter, und ich musste dafür die Verantwortung tragen.

Als ich zum Brunnen kam, warteten dort bereits ein paar Frauen. Sie hatten ihre Kinder vom Rücken genommen, und die Kleinen spielten im Sand. Die ersten Sonnenstrahlen tauchten das Dorf in ein warmes, ockerfarbenes Licht, und die schlanken Gestalten der Frauen zeichneten sich vor dem strahlend blauen Himmel, auf dem nur ein paar weiße Federwölkchen dahinzogen, wie Schattenrisse ab.

Wie immer schwatzten die Frauen miteinander, aber heute hatte ich keine Lust, ihnen zuzuhören. Meine Gedanken waren nur auf meinen ersten Schultag gerichtet. Plötzlich jedoch merkte ich, dass eine der Frauen etwas zu mir sagte. Es war eine unserer Nachbarinnen, Fatima. Sie kam häufig vorbei, um Mama zu besuchen. Sie sagte etwas zu mir, das ich gerne von jedem gehört hätte. »Du bist jetzt erwachsen, Safiya. Freu dich!« Aber ich war so abgelenkt, dass ich sie kaum anschauen konnte und nur nickte.

Während ich wartete, bis ich an der Reihe war, trat ich unruhig von einem Fuß auf den anderen. Warum machten sie nur alle so langsam? Warum war ich nicht endlich dran? Ich musste doch zur Schule gehen, und ich wollte schnell wieder nach Hause. Mama hatte mein Kleid bestimmt schon zurechtgelegt, und ich wollte es unbedingt sehen und anprobieren …

Ich malte mir aus, welchen Eindruck ich auf Mallam Shehu machen würde. Ich hatte alles beisammen, was ich brauchte, ja, ich hatte … Nein, ich hatte nicht alles beisammen! Mein Herz begann heftig zu pochen. Ich hatte die Peitsche vergessen. Wie hatte ich nur vergessen können, sie zu kaufen?

Mein Vater hatte mir doch das Geld gegeben, damit ich eine Peitsche kaufte und sie am ersten Schultag mit in die Schule nahm, und ich hatte es völlig vergessen. Nein, ich konnte doch nicht schon am ersten Tag einen so schlechten Eindruck hinterlassen! Ich hatte meine Pflicht nicht erfüllt! Einen Moment lang überlegte ich sogar, ob ich einfach aus der Reihe am Brunnen ausscheren und nach Hause laufen sollte, um Mama um Hilfe zu bitten, aber mir wurde schnell klar, dass ich zwar Ärger bekommen würde, wenn ich ohne Peitsche zur Schule ginge, wenn ich jedoch ohne Wasser nach Hause käme, dann würde das ernsthafte Probleme für meine ganze Familie bedeuten. Also wartete ich, bis ich an der Reihe war, wobei ich immer nervöser wurde.

Es kam mir vor, als müsse ich sterben. Die Zeit raste dahin, und ich würde zu spät zur Schule kommen und dann auch noch ohne meine Peitsche. Nein, das durfte nicht sein …

Endlich war ich am Brunnen. Ich füllte die Lederschläuche und rannte so schnell ich konnte nach Hause. Außer Atem spähte ich ins Zimmer meines Vaters; er war immer noch in den Koran vertieft.

Mama bereitete gerade Hirsebrei fürs Frühstück zu. Aufgeregt erklärte ich ihr mein Problem: Ich wollte auf gar keinen Fall, dass mein Vater erfuhr, wie unverzeihlich nachlässig ich gewesen war. Aber Mama reagierte gelassen wie immer und beruhigte mich sofort.

»Du hast noch reichlich Zeit, um auf den Markt zu gehen und die Peitsche zu kaufen«, erwiderte sie ruhig. »Dein Kleid liegt bereit, und dein Vater betet noch. Beeil dich – wenn die Zeit knapp wird, musst du eben einmal ohne Frühstück in die Schule gehen.«

Wie eine Verrückte rannte ich den ganzen Weg zum *kasuwa*, dem Markt. Ich kaufte eine Rindslederpeitsche und lief eilig wieder nach Hause. Mama wartete schon auf mich, und genau in diesem Augenblick kam mein Vater aus seinem Zimmer. Schnaufend und keuchend begrüßte ich ihn und sagte ihm, ich sei gleich fertig, ich müsse nur noch mein Kleid anziehen. Er nickte nur – nach seinen Gebeten war er immer sehr still. Glühend vor Aufregung folgte ich Mama.

Sie hatte ein dunkelblaues, mit Blumen bedrucktes Kleid für mich zurechtgelegt. Mir fiel sofort auf, dass es aus einem feineren Stoff gemacht war als jedes andere Kleidungsstück, das ich besaß. Der Schleier bestand aus dem gleichen Stoff. Mama zeigte mir, wie ich ihn tragen musste; ein Kind in meinem Alter, erklärte sie, brauchte sich mit dem Schleier den Kopf nur halb zu bedecken, so dass der Saum über die Schultern fiel. Mama wies mich an, den Schleier locker zu tragen, aber immer darauf zu achten, dass er richtig saß.

Es war ein ganz besonderer, sehr inniger Moment. Mamas liebe Stimme, die Art, wie sie mit ihren Händen den Schleier zurechtrückte, das sehr weibliche Thema – all das gab mir das Gefühl, als ob ich in die Geheimnisse des Frauseins eingewiesen würde, als ob ich an einem Übergangsritus in einen Lebensabschnitt teilnähme, in dem ich beweisen konnte, wie viel ich wert war. Ich kam mir vor wie eine Erwachsene.

Als ich fertig war, ging Mama mit mir zu meinem Vater. Er wartete bereits auf mich vor dem Haus, und ich fand, er sah in seinem hellblauen *bubu* aus wie ein Teil des Himmels. Nur seine schwarzen Haare und sein langer schwarzer Bart – ein typisches Merkmal des gläubigen Moslems oder *musulunci* – stachen hervor. Einen Moment lang blieb ich stehen und starrte ihn wie gebannt an.

Mein Vater erwiderte schweigend meinen Blick. Es war ein erhebender Augenblick, und wir waren uns beide dessen bewusst.

Ich reichte ihm die Peitsche, und dann gingen wir los. Mit hoch erhobenem Kopf schritt mein Vater rasch aus, und ich lief hinterher. Nach der Tradition muss eine Frau in der Öffentlichkeit hinter dem Mann gehen.

Als wir zur Schule kamen, saß bereits gut über die Hälfte meiner Klassenkameraden unter dem Baum. Jeder erhielt seine hölzerne Tafel und ließ sich stumm nieder. Mallam Shehu blieb stehen, um auf die anderen Jungen und Mädchen zu warten. Mein Vater trat zu ihm und begrüßte ihn; ich blieb respektvoll einige Schritte entfernt stehen. Sie redeten ein paar Minuten miteinander, dann winkte mein Vater mich heran. Mit gesenktem Kopf gehorchte ich. Ich hatte ein wenig Angst.

»Hier ist meine kleine Safiya«, sagte mein Vater zu Shehu. »Sie ist heute sehr aufgeregt und kann es kaum erwarten, mit dem Lernen zu beginnen, aber sie ist auch noch zu jung, um zu verstehen, dass es großer Anstrengung und Selbstopfer bedarf, um ein treuer Gläubiger zu werden. Wenn sie ungezogen ist und nicht lernt«, fügte er hinzu, »so bringe sie hiermit dazu.« Mit diesen Worten reichte er dem Mallam die Peitsche. Als er mir aufgetragen hatte, sie zu kaufen, hatte er mir nicht gesagt, wozu sie diente, sondern mir lediglich erklärt, ich würde es bald schon verstehen. Er hatte Recht...

Als mein Vater gegangen war, forderte Shehu mich auf, mich zu den anderen Kindern zu setzen. Obwohl ich mich tagelang gefragt hatte, wie meine Klassenkameraden wohl sein würden, war ich jetzt so aufgeregt, dass ich sie nicht einmal anschaute. Ich war angenehm überrascht, als ich erfuhr, dass noch ein anderes kleines Mädchen namens Safiya darunter war. Ich kannte und mochte sie; wir hatten oft am Brunnen miteinander gespielt. Ich setzte mich neben sie, und wir warteten mit den anderen Kindern höflich darauf, bis der Unterricht begann. Weitere Kinder kamen, und schließlich waren alle da. Der Mallam setzte sich vor uns an den Baum. Eine Schiefertafel lehnte daran, auf der noch die Schriftzeichen des Unterrichts vom Vortag zu sehen waren.

Unser Lehrer war ungefähr sechzig Jahre alt und in unserem Dorf wie auch in den benachbarten Orten hoch geachtet. Er galt als sehr anspruchsvoll und sprach mit einer auffallend tiefen, warmen Stimme. Wir hörten ihm immer in andächtigem Schweigen zu. Zuerst erzählte er uns, wie wir den Unterricht am besten nutzen konnten, dann zeigte er uns, wie wir die Tafeln benutzen mussten und gab uns ein kleines Ledergefäß mit einer Mischung aus Kohle und Gummiarabikum, in das wir einen angespitzten Stock tunkten, um auf den Tafeln schreiben zu können.

Mein Herz machte vor Freude einen Satz, als ich meine Tafel erhielt. Endlich besaß ich auch eine und konnte sie im Dorf herumzeigen!

Mit der Zeit wurden Safiya und ich die besten Freundinnen. Wir lernten und spielten zusammen, und manchmal halfen wir einander auch bei den Hausaufgaben. Meistens trafen wir uns am Brunnen, wie in der Zeit, als wir noch klein gewesen waren, nur hatte ich jetzt Muhammadu auf den Rücken geschnallt und Safiya trug ihre kleine Schwester.

Ab und zu gesellten sich noch zwei weitere kleine Mädchen, Rabi und Audi, zu uns. Ich kam auch mit ihnen gut aus, aber unsere Freundschaft wurde nie so eng wie die zwischen Safiya und mir. Es war kein Zufall, dass wir denselben Namen trugen, davon war ich fest überzeugt. Sie war eine eifrige Schülerin, genau wie ich, und manchmal brüsteten wir uns damit, dass wir zu den besten Schülern des Mallams gehörten.

Unsere Klasse versammelte sich zweimal am Tag unter dem Baum. Morgens, wenn es noch relativ kühl war und wir uns leichter konzentrieren konnten, lehrte der Mallam uns die Ideen und Grundsätze im Heiligen Buch. Er sprach sie immer sehr deutlich aus, und wir schrieben sie auf unsere Tafeln. Nachmittags, vor Sonnenuntergang, prüfte er nach, ob wir die Grundsätze auswendig gelernt hatten und die entsprechenden Verse aus dem Koran rezitieren konnten.

Oft dauerte der Unterricht noch an, wenn die Sonne schon längst hinter dem Horizont verschwunden war. Dann zündete der Mallam ein Feuer an, und wir setzten uns alle darum herum. Ich werde nie vergessen, wie bewegend diese Momente waren, niemals: der Geruch des trockenen Brennholzes, die Wärme des Feuers, die Flammen, die einen flackernden Schein auf die Gesichter meiner Klassenkameraden warfen, die Dunkelheit um uns herum, die Laute der Tiere im Busch, die durchdringenden Schreie der Hyänen, die bei Einbruch der Dunkelheit näher kamen, in der Hoffnung, eine Ziege zu erjagen, und die Hirten mit Angst erfüllten. Geräusche aus einer fernen Welt, die so unendlich weit schien, dass sie unsere zu verschlingen drohte. Und darüber lag die

Stimme des Mallams, während er eins von uns Kindern lobte oder ausschimpfte.

Damals war ich glücklich, wirklich glücklich. Die Zukunft lag strahlend vor mir. Zur Schule zu gehen spornte mich an und ermutigte mich, groß und immer besser zu werden. Ich war überzeugt, dass diese wundervollen Tage ein Leben voller Freude verhießen. Woher sollte ich auch wissen, dass meine Kindheit sich dem Ende zuneigte und mein Glück bald zerschlagen würde. Aus Safiya, dem Kind, wurde Safiya, die Frau. Schon bald sollte ich erfahren, was es bedeutete, in Sokoto eine Frau zu sein. Es war eine schmerzliche Erfahrung.

DREI

Ich will nicht verheiratet werden!

Ich war erst dreizehn, als ich zum ersten Mal verheiratet wurde. Ich hatte noch nicht einmal meine Periode. Ich hatte nicht im Entferntesten daran gedacht, so früh schon verheiratet zu werden, und ich konnte mir auch überhaupt nicht vorstellen, was es bedeutete, einen Ehemann zu haben. Natürlich wusste ich, dass ich diesen Schritt früher oder später einmal würde tun müssen, und mir war auch klar, dass es ein Problem für meine Familie bedeutete, wenn ich bis zu einem bestimmten Alter noch nicht verheiratet war, aber ich glaubte, na gut, ich würde eben heiraten und Kinder bekommen – eines Tages, in ferner Zukunft.

In der Gegenwart galten all meine Gedanken der Koranschule. Ich ging gerne dorthin und war eine hervorragende Schülerin. Mir gefiel es auch, Mama bei der Hausarbeit zu helfen oder mich um Safaratu und Muhammadu zu kümmern, aber am liebsten spielte ich mit meiner Namensvetterin Safiya, meiner besten Freundin, am Brunnen, wo wir stundenlang plauderten und uns Geschichten ausmalten. Wir sprachen über uns und wie wir später einmal sein würden. Ich glaube, das waren die einzigen Momente, in denen ich mich selbst als Erwachsene sah – eine verheiratete Frau, die Kinder hatte und in ihrem eigenen Haus lebte, genauso wie die anderen Frauen im Dorf.

Und dabei stand dieser Tag kurz bevor. Und plötzlich war es so weit.

Es war an einem Vormittag. Ich half Mama und behielt dabei Muhammadu im Auge, der sich ständig aus dem Garten schleichen wollte. Auf einmal fiel mir auf, dass Mama mich ungewöhnlich liebevoll anschaute. Überrascht erwiderte ich ihr Lächeln, aber sie wandte sich rasch ab. Kurz darauf bemerkte ich jedoch, dass sie mich wieder nachdenklich betrachtete, als ob sie mich zum ersten Mal sähe. Zwischendurch warf sie immer wieder einen verstohlenen Blick zum Zimmer meines Vaters hinüber, der in sein morgendliches Gebet vertieft war.

Was war nur los? Ich fragte sie jedoch nicht, da ich wusste, dass sie mir keine Antwort geben würde. Aber es war alles sehr merkwürdig ...

»Komm her, Safiya!« Mein Vater rief mich. Äußerst ungewöhnlich ... Mir war unbehaglich, dennoch eilte ich zu seinem Zimmer. Ja, er hatte mich tatsächlich gerufen. »Ich möchte mit dir reden. Komm herein.«

Ich gehorchte. Er saß in seiner üblichen Position auf seiner Matte und winkte mich näher zu sich heran. Kurz ging mir der Morgen durch den Kopf, an dem er mir gesagt hatte, dass ich endlich zur Koranschule gehen würde. Was wollte er mir wohl jetzt mitteilen? Mit gesenktem Blick, wie es sich für eine respektvolle Tochter geziemt, hockte ich mich vor ihn. Plötzlich legte er mir die Hand auf den Kopf und streichelte mich ... Überrascht blickte ich auf. Ich versuchte, in seinem Gesicht zu lesen, aber seine Miene war undurchdringlich wie immer, höchstens ein wenig sanfter als sonst. Lächelnd streichelte er mir noch einmal über den Kopf.

»Du bist ein braves kleines Mädchen, Safiya«, sagte er schließlich. »Eines Tages wird Allah dich vor die Probleme des Lebens stellen. Ich hoffe, dass das, was ich dir beigebracht habe, dir dabei hilft, sie zu überwinden.«

Ich blickte ihn an und wartete darauf, dass er weiterredete. Aber die Zeit verstrich, und er schwieg. Verwirrt ging ich hinaus. Was meinte er? Hatte ich irgendetwas Außergewöhnliches getan, was mir nicht bewusst war?

Draußen stand Mama und wartete auf mich. Sie hatte immer noch diesen zärtlichen Ausdruck im Gesicht und lächelte mich an. Was war nur los? Mein ganzes Leben lang hatte ich fast betteln müssen, damit sie mir überhaupt einen Blick oder ein Lächeln schenkte, und hatte es nie erreicht, weil sie mich nicht vor meinen Geschwistern bevorzugen wollte. Und jetzt ... Dabei hatte ich noch nicht einmal darum gebeten. Ihr Lächeln machte mich glücklich, trotzdem fragte ich mich, was wohl der Grund für diese außergewöhnlichen Ereignisse war. Warum behandelten meine Eltern mich plötzlich so, als sei ich etwas ganz Besonderes?

Den ganzen Tag über schwankte ich zwischen Freude und Zweifel. Schließlich wurde es Abend – der Zeitpunkt, an dem sich die ganze Familie versammelte –, und sowohl Zweifel als auch Freude schwanden bei den Worten meines Vaters. Nach dem Essen blickte er mir in die Augen und sagte: »Safiya, du wirst bald heiraten. Du bist alt genug. Dein Onkel hat einen Mann gefunden, der dich will, und von dem ich glaube, dass er der richtige Ehemann für dich ist. Es wird eine gute Ehe werden.«

Ich traute meinen Ohren nicht ... Die Stimme meines Vaters klang ruhig wie immer – ich liebte seine Stimme, weil sie so sanft klang. Diese Stimme konnte doch unmöglich so entsetzliche Worte gesagt haben. Es waren eigentlich auch gar keine Worte, sondern scharfe Klingen, die mein Herz durchbohrten. Ich presste meine Hände an die Brust, als ob ich mich dadurch schützen könnte. Nein, das hatte er bestimmt nicht gesagt… Aber er hatte es doch gesagt. Mama hielt den Kopf gesenkt und tat so, als achte sie auf Safaratu, aber ich merkte ihr an, dass sie aufmerksam zuhörte. Sie sagte oder tat jedoch nichts. Es war völlig normal für sie, jede wichtige Entscheidung, die mein Vater uns mitteilte, schweigend zu akzeptieren. Das entsprach der Haltung aller Frauen in unserem Land… aber doch nicht an diesem Abend! Heute musste sie sagen, dass sie damit nicht einverstanden war! Sie konnte das unmöglich gutheißen! Es war schrecklich. Ich wartete, aber sie sagte keinen Ton. Mein Vater fuhr fort: »Der Name deines zukünftigen Ehemanns ist Yussuf. Er ist mit deinem Onkel Ibrahim verwandt und somit auch ein entfernter Verwandter von uns. Er bringt eine beträchtliche Mitgift mit, ist ein fleißiger Arbeiter und kann dir ein sorgenfreies Leben ermöglichen. Wir müssen dankbar sein, dass Allah unserer Familie und dir diese Gelegenheit bietet.«

Ich war wie gelähmt vor Entsetzen. Meine gesamte Welt geriet ins Wanken. Alles würde sich ändern, und es würde furchtbar werden… Ich musste meine Familie verlassen, mein Zuhause und sogar die Koranschule, die ich so sehr liebte… und all das nur, um mich einem Fremden zu unterwerfen, um ihm zu dienen und jeden seiner Wünsche zu erfüllen… Wer war dieser hassenswerte Yussuf, der sich anschickte, mein Leben zu zerstören?

NEIN! Ich will nicht!, hätte ich am liebsten laut geschrien, aber ich hielt mich zurück. Sie wollten mich verheiraten, weil ich in ihren Augen zu einer jungen Frau herangewachsen war. Und eine junge Frau darf sich dem Willen ihres Vaters in keiner Weise widersetzen. In mir tobte der Aufruhr, aber ich hielt den Kopf gesenkt und schwieg. Im Stillen flehte ich: Geh aus dem Haus, Vater, geh weg, damit ich mit Mama reden und sie um Hilfe bitten kann … Und tatsächlich ging er, ohne mir ein weiteres Wort der Ermutigung zu sagen.

Kaum war er weg, wandte ich mich an Mama. Tränen liefen mir über die Wangen, und ich schrie verzweifelt: »Ich will nicht verheiratet werden, Mama! Ich will nicht! Ich bin noch nicht so weit, ich möchte hier bei dir bleiben! Meine Freundin Safiya wird auch nicht verheiratet, warum ich denn? Warum?« Sie würde mir bestimmt sagen, dass ich Recht hätte, dass es ungerecht war, dass sie mit meinem Vater sprechen und ihn überreden würde, die Heirat abzusagen.

Sie nahm mich in die Arme … Ich war voller Hoffnung, dass sie mich retten würde. Das würde sie ganz bestimmt tun … Aber Mama streichelte mir über die Haare und schwieg. Und mir war klar, dass es keinen Ausweg gab. Ich würde verheiratet werden, ob ich es wollte oder nicht. Sie würden mich an einen Mann verkaufen, den ich nicht kannte.

Wenn Yussuf mich zur Frau haben wollte, musste er mich vorher wenigstens einmal gesehen haben. Ich hingegen wusste nichts von ihm. Tag und Nacht fragte ich mich, wie er wohl war. War er nett oder grausam? Bald schon würde er zu uns nach Hause kommen, um mit meinem Vater die Einzelheiten der Heirat zu besprechen. Und wenn ich vorher floh?

Vergiss es, Safiya. Verschwende deine Zeit nicht mit Träumen, sagte ich mir und weinte. Ich litt, wie ich noch nie in meinem Leben gelitten hatte.

Und dann war er da. Yussuf. Eines Morgens stand er da. Ich wusste nicht, dass er kam, aber Mama hatte ungewöhnlich viel Hirsebrei, Ziegenfleisch und Milch zubereitet. Sie kochte eins unserer besten traditionellen Gerichte, *fura da nuno*. Der Grund wurde mir klar, als sie mir sagte, Yussuf sei unser Gast. »Geh in das andere Zimmer und bedien ihn, Safiya«, befahl Mama und reichte mir ein Tablett. Ich trat in das Zimmer meines Vaters, wo er und Yussuf miteinander sprachen.

Yussuf war ungefähr fünfzig. Seine Haare waren grau, und er hatte einen grauen Bart. Er trug einen hellblauen, bestickten *bubu* mit Goldrand und blickte mich noch nicht einmal an, sondern bediente sich selber vom Tablett, das ich ihm hinhielt. Dann schickte er mich weg. Wie einen Dienstboten ... Aber so ist das in unserer Gesellschaft. Ein Moslem darf sich in der Öffentlichkeit einer Frau nicht zuwenden, auch nicht, wenn sie seine Ehefrau oder seine Zukünftige ist. Niedergeschlagen verließ ich das Zimmer. Er war alt, er war hässlich, ich mochte ihn nicht, ich konnte ihn nicht heiraten ... ich musste fliehen, ich musste weglaufen, bevor es zu spät war ... Ich blickte zum Hof. Das Haus, die Straße, der Busch – endlose rote Erde und eine glühende Sonne. Eine tödliche Sonne, Durst, hungrige wilde Tiere, die auf der Lauer lagen. Ein Schauer lief mir über den Rücken. Ich war doch nur ein kleines Mädchen, ich konnte nirgendwo hingehen ... Ich konnte nicht fliehen. Was sollte ich nur tun?

Aus einem Impuls heraus lief ich in den Hof, um mir Yussuf durch das Fenster anzuschauen. Vielleicht war er ja gar nicht so alt und hässlich ... Wenn ich ihn schon heiraten musste, dann sollte ich wohl besser etwas Gutes an ihm finden ... Damals begriff ich es noch nicht, aber es war mein erster Schritt in die Resignation.

Die Tage vergingen. Ich hatte mich verändert. Bei dem Gedanken, Yussuf zu heiraten, begehrte ich nicht mehr auf. Nachts hatte ich Albträume, und am Tag hockte ich in einer Ecke und weinte. Aber die Ursache meines Entsetzens war kein verschwommener Schatten mehr. Sie hatte ein Gesicht und einen Namen, einen grauen Bart und trug einen hellblauen *bubu*. Yussuf. Er war immer noch zu alt, und ich mochte ihn immer noch nicht, und doch würde er mein Ehemann werden. Ja, ich hatte mich verändert. Ich begann mich an die Vorstellung zu gewöhnen. Aber ich litt darunter. Ich litt, wie ich noch nie in meinem Leben gelitten hatte.

Viel zu schnell kam der Hochzeitstag. Es war ein Freitag – in der Tradition der Moslems ein Tag der Freude und der Lobpreisung. In der Frühe versammelten sich Tanten, Onkel und andere Verwandten im Hof, um mich noch einmal zu sehen. An jenem Morgen reichte mir meine Mutter zum ersten Mal nicht die bunten Kleider, die für unsere Region typisch sind, sondern gab mir ein graues Gewand mit einem großen weißen Schleier, mit dem ich mein Gesicht bedecken musste. Nach moslemischer Tradition gab ich mit dieser Kleidung Yussuf das Versprechen, meinen Körper nur ihm zu zeigen und es zu vermeiden, die Aufmerksamkeit eines anderen Mannes auf mich zu ziehen. Als ich in den Hof trat, kamen alle Frauen auf mich zu, um mich gemäß der Tradition dreimal zu küssen, und die Männer wünschten mir alles Gute.

Dann reihten sich alle zur Hochzeitsprozession auf: Mein Vater ging mit mir an der Spitze, und unsere Verwandten folgten. Langsam schritten wir zur Moschee, wo Yussuf, seine Familie und der Imam, der unseren Bund vor Gott schließen sollte, auf uns warteten. Wir kamen an zahlreichen Dorfbewohnern vorbei, die in der Arbeit innehielten, um uns zu begrüßen. Ich spürte, dass alle mich anschauten, und ging mit gesenktem Kopf neben meinem Vater her. Erinnerungen stiegen auf, und ich fühlte mich so elend. Wie oft war ich diese staubige Straße schon lachend und plaudernd mit Safiya entlanggelaufen… Ich war so glücklich gewesen. Und dann sah ich plötzlich Safiya.

Das ist meine quälendste Erinnerung an jenen Morgen. Sie

stand ganz allein unter einem Akazienbaum mit niedrigen, ausladenden Ästen und winkte mir zu. Ihre Geste ließ mich noch viel deutlicher spüren, wie schwer dieser Schritt wog. Es war der Abschied von meiner Kindheit, meinen Freuden. Ich weinte leise, um mich, um das, was auf mich zukam. Und um meine Freundin. Ich wusste, dass auch Safiya um mich weinte.

Als wir an der Moschee ankamen, sah ich zum ersten Mal meine zukünftige Familie. Sie standen bei Yussuf, der in ein weites grünes Gewand gekleidet war und größer und mächtiger als jemals zuvor aussah. Nach der Begrüßung will es die Tradition, dass sich die Frauen getrennt von den Männern versammeln, um sich bekannt zu machen, während sich die Männer um meinen und Yussufs Vater, der sehr alt war, scharten.

Mein zukünftiger Ehemann begrüßte mich zum ersten Mal mit einem Nicken, dann wurde ich zur Gruppe der Frauen geleitet. Sie drängten sich um mich, um mir Glück zu wünschen, mit mir zu reden und mir Vorschläge zu machen, aber ich war zu schüchtern, um zu antworten. Ich schwitzte, mein Herz klopfte heftig, und ich hoffte verzweifelt, dass die Zeremonie schnell vorübergehen würde. Schließlich erschien der Imam an der Tür zur Moschee und bat Yussuf, mich und unsere Väter, ihm nach drinnen zu folgen. Er setzte sich in einen hochlehnigen Stuhl, der neben einem schönen, geschnitzten Lesepult an der Wand stand. Abgesehen davon, dass Teppiche auf dem Boden lagen und es ansonsten überhaupt keine Möbel gab, unterschied sich das Innere der Moschee nur durch dieses Pult von den anderen Häusern. Wir setzten uns vor ihn, er nahm das Heilige Buch vom Lesepult und las einige Verse des Propheten vor. Ich war so verwirrt und aufgeregt, dass ich die Bedeutung der Worte nicht erfasste, sondern nur das Gefühl hatte, die Stimme des Imams durchbräche die religiöse Stille der Moschee.

Yussuf saß neben mir. Er wirkte äußerst selbstbewusst. Um seinen alten Vater machte er mehr Aufhebens als um mich, seine Braut. Ich fühlte mich schrecklich einsam; mein Ehemann schenkte mir keine Beachtung, und auch mein Vater war tief in Gedanken versunken. Das war immer so, wenn er betete oder an einem heiligen Ort war. Wieder traten mir Tränen in die Augen.

Nachdem er aus dem Koran vorgelesen hatte, betete der Imam die *fatiha*, das Gebet, mit dem die Hochzeitszeremonie beendet wird, und entließ uns. Das Ritual hatte nur wenige Minuten gedauert, und jetzt war ich Yussufs Frau. Vor der Moschee drängten sich die Frauen um mich und küssten und umarmten mich. Wie erstarrt ließ ich es über mich ergehen und blickte mich nach dem einzigen Gesicht, das ich sehen wollte, um. Und als ob sie es gespürt hätte, kam meine Mutter mit ausgestreckten Armen auf mich zu und umarmte mich fest.

Ich schmiegte mich an sie, wie ich es so oft als Kind getan hatte, und wünschte mir, sie würde mich nie mehr loslassen. Als wir uns schließlich anblickten, sah ich, dass ihre Augen feucht waren, sie war am Rande der Tränen. Einen Moment lang wünschte ich mir, sie würde weinen; es hätte mir geholfen, wenn sie meinen Schmerz geteilt hätte. Aber meine Mutter ließ ihren Gefühlen selten freien Lauf. Wortlos löste sie sich von mir und ging weg. Wieder war ich allein.

VIER

Meine neue Familie

Nach der moslemischen Tradition folgt ein großes Fest auf die Hochzeitszeremonie. Wie es üblich ist, hatte Yussuf es bei sich zu Hause organisiert. Alles war unglaublich prächtig, sogar ein paar Honoratioren aus dem Dorf waren eingeladen. Je üppiger das Hochzeitsbankett ist, desto mehr Komfort kann die Braut von ihrem Mann erwarten.

Gemäß der Sitte saßen Männer und Frauen in zwei getrennten Gruppen im Schatten der Bäume. Nach den Vorschriften des Heiligen Buches hatte Yussuf in einer Ecke auch einen Platz für die Armen des Dorfes vorgesehen. Die Gäste erhielten die besten traditionellen Gerichte, *mia kwuka-baobab* (Sauce aus Baobab-Blättern), Markknochen und *suya* (Rinder-Kebab), gedämpftes *caza* (Hühnchen), Lamm oder Ziege, und dazu Töpfe voll mit verschiedenen Arten von *tuwo* oder *fufu* (Haferbrei): *waina miankeshi* (*masara* oder Maisbrei), *tuwo shinkafa* (Reisbrei), *tuwo doya* (Yamsbrei) und Hirsebrei. Als krönenden Abschluss gab es noch *kosei* (ein gebratenes Dessert aus Bohnenmehl, das mit gebratenem *tuwo doya* gereicht wird), *kulikuli* (ein krümeliger, flacher Kuchen aus Erdnussmehl), weitere Gerichte aus *dankeri* (Kartoffeln), *rogwo* (Cassava) und Yamswurzeln und unser traditionelles Getränk aus fermentierter Hirse, *burukutu*.

Das Fest dauerte den ganzen Tag. Alle um mich herum

aßen, tranken, kauten auf *taba* (Tabakblättern) und redeten ausführlich über Yussufs Reichtum. Ich war so aufgeregt, dass ich kaum etwas herunterbekam. Ich fühlte mich unwohl, war geistesabwesend und ohne jede Willenskraft, so als ob ich nicht hierher gehörte. Ab und zu blickte Yussuf mich leise lächelnd an, aber ich war so schüchtern, dass ich seinen Blick kaum erwiderte.

Trotz meiner Angst und Verwirrung war ich auch stolz darauf, im Mittelpunkt eines so prächtigen Festes zu stehen. Alles hier galt nur mir, war nur für mich vorbereitet worden. Ich war nicht mehr die kleine Safiya – ich war Safiya die Braut, die Frau. Eine wichtige Frau, die zählte und die beachtet wurde. Ich gehörte jetzt zur Welt der Erwachsenen. Aber war ich überhaupt schon in der Lage, mich darin zu bewegen? Ich wusste doch gar nichts. Sosehr ich auch nachdachte, ich fand keine Antwort – und so weinte ich das ganze Hochzeitsbankett über.

Als die Sonne untergegangen war, nahmen mich meine Eltern wieder mit nach Hause, weil die Braut unseren Gebräuchen nach nicht sofort in das Haus des Ehemanns ziehen kann.

Ich war glücklich über den Aufschub – den letzten, bevor eine neue Phase meines Lebens begann. Jetzt konnte ich wenigstens noch eine Zeit lang in meiner vertrauten Umgebung bleiben, und ich war entschlossen, jede einzelne Minute zu genießen. Und doch erfüllte mich die drohende Trennung mit Bitterkeit.

Zwei Wochen später erschienen eines Morgens einige Freunde von Yussuf und wollten meinen Vater sprechen. Sie hatten den Auftrag, mich zu Yussuf zu bringen. Meine Mutter half mir in einem anderen Zimmer beim Ankleiden, und als ich fertig war, umarmte sie mich. »Geh jetzt, dein Vater wartet auf dich«, sagte sie.

Mein Vater stand draußen vor dem Haus, wo Yussufs Freunde gerade ihre Pferde bestiegen. Sie waren prächtig aufgezäumt – ein weiteres untrügliches Zeichen für den Reichtum meines Ehemanns. Sie halfen auch mir auf ein Pferd, und es trabte gleich los. Ein letztes Mal winkte ich meinen Eltern, meinem Zuhause zu. Die aufgeregten Schreie der Kinder und die bewundernden Blicke der Erwachsenen begleiteten mich auf unserem Weg durch das Dorf zu Yussuf. Mein Leben als verheiratete Frau hatte begonnen. Ich war gerade dreizehn geworden und wartete noch immer auf meine erste Periode.

Der Ritt, die Bewunderung der Leute, die Kinder, die uns nachrannten, der farbenprächtige Aufzug der Pferde und Reiter – wieder einmal galt alles mir, Safiya, dem kleinen Mädchen, das bis vor ein paar Tagen nur kleine Pflichten im Haushalt erfüllen musste und mit zerrissenen Kleidern und unbedecktem Gesicht herumlief. Ja, dachte ich bei mir, ich war eine Frau geworden. Und ich wurde als Frau gefeiert. Geschmeichelt akzeptierte ich meine neue Rolle, als handele es sich um ein Spiel.

Dabei wusste ich ganz genau, dass dies die Wirklichkeit war. Gleich würde ich an Yussufs Haus ankommen. Der Gedanke warf einen dunklen Schatten über meine aufgeregte Stimmung. Ich versuchte ihn zu vertreiben, aber er erfüllte mich mit Angst und Zweifeln. Was erwartete Yussuf von mir? Würde ich ihn zufrieden stellen können? Ich war mir fast sicher, dass er mir nicht erlauben würde, Freundinnen zu haben und alleine durch den Busch zu laufen und meinen Träumen nachzuhängen.

Am meisten Sorge jedoch bereitete mir unser Sexualleben. Meine Mutter hatte mir nie etwas erklärt; ich wusste nur, dass von einer guten Ehefrau erwartet wird, unterwürfig jeden Wunsch ihres Mannes zu erfüllen. Ich war Yussufs Frau, und deshalb würde ich im gleichen Bett wie er schlafen müssen. Ich würde Kinder bekommen. Ich war noch so naiv, dass ich glaubte, man könne schwanger werden, nur weil man im selben Bett schlief. Plötzlich wurde mir klar, dass das ja alles schon in dieser Nacht passieren würde. Entsetzt blickte ich mich um. Oh, warum konnte dieser Ritt nicht ewig dauern? Aber dort hinten war Yussufs Haus bereits zu sehen. Ich versuchte mir einzureden, dass es jetzt auch mein Haus war, aber ich spürte nur Abscheu.

Yussuf stand auf der Schwelle und begrüßte mich lächelnd und selbstbewusst wie immer. Er führte mich herein, zeigte mir alles, und dann zog er einen Vorhang zur Seite, hinter dem das Bett stand, in dem wir heute Nacht schlafen würden: ein Holzbett mit einer Matratze. So etwas hatte sich meine Familie nie leisten können. Als ich das Bett sah, überfiel mich die Angst. Yussuf war nett und freundlich, ich konnte ihm nichts vorwerfen, aber in meinen Augen war er ein gefährlicher Feind, ein Fremder, der gewaltsam mein Leben änderte. Ich wollte es nicht akzeptieren, aber mir war klar, dass mein Widerwillen mir nichts nützte.

Yussuf musste gespürt haben, wie nervös ich war. Er ging weg, ohne mir zu sagen, wohin er ging oder wann er zurückkommen würde. Ich war allein. Ich sah mir noch einmal alles im Haus genau an und machte mich mit der Einrichtung vertraut. Aber sosehr ich auch versuchte, mir vorzustellen, wie ich mich in einem neuen Leben hier einrichten würde, es gelang mir nicht. In dieser bedrückenden Umgebung fühlte ich mich völlig fehl am Platz. Am liebsten wäre ich geflohen, hätte mich irgendwo versteckt, wäre zu meinen Eltern zurückgelaufen. Aber das ging natürlich nicht. Sie würden ein solches Verhalten nicht billigen und mich wieder zu Yussuf zurückbringen. Wieder einmal fühlte ich mich allein und verlassen. Niemand verstand mich. Noch nicht einmal Safiya.

An Safiya zu denken tat weh. Ich dachte an die glücklichen Momente, die ich mit ihr erlebt hatte. Wo mochte sie jetzt sein? Ob ich ihr wohl fehlte? Oh, ich wünschte, sie wäre jetzt bei mir, und wir könnten miteinander plaudern oder uns auf die Schule vorbereiten …

Am liebsten hätte ich geweint. Ich war so unglücklich und konnte mich mit meinen neuen Lebensumständen nicht abfinden. Aber ich wusste, dass mir nichts anderes übrig blieb. Also nahm ich all meinen Mut zusammen, schob die Vorhänge beiseite und streckte mich auf dem Bett aus, in dem Yussuf und ich schlafen sollten. Ich versuchte mir vorzustellen, wie er neben mir lag, und es stieg ein solcher Widerwillen in mir auf, dass ich am liebsten weggelaufen wäre. Ich redete mir selbst gut zu, dass schon alles nicht so schlimm kommen und ich mich letztendlich daran gewöhnen würde, aber tief im Inneren wusste ich, dass das nicht stimmte. *Es wird niemals gut werden, niemals …* Verzweifelt begann ich zu weinen. Es war wie ein Albtraum. Ich spürte Yussufs Hände auf meinem Körper, spürte, wie er mich berührte, streichelte …

Ich hatte keine Ahnung, was es bedeutete, miteinander zu schlafen. In meinen Augen war das ein bedrohliches, gefährliches Ereignis. Mir ging durch den Kopf, wie groß Yussuf war, aber auf die Größe seiner Hände hatte ich noch nie geachtet. Was würde er mir damit antun? Schluchzend lag ich auf dem Bett und versuchte, dem Wunsch zu widerstehen wegzulaufen, bevor er zurückkam. Eine Stimme in mir schien zu sagen: *Das kannst du nicht machen, Safiya …*, aber eine andere erwiderte: *Warum nicht?*

Die Zeit verging, und die Sonne sank. Das war immer

meine Lieblingstageszeit gewesen, dachte ich traurig. Jetzt konnte ich nicht mehr einfach die Arbeit unterbrechen und dem Sonnenuntergang zuschauen, wie ich es zu Hause immer getan hatte. So blieb ich träge im dämmerigen Zimmer liegen. Aber plötzlich sprang ich erschreckt auf. Was um alles in der Welt machte ich da? Yussuf konnte jeden Moment nach Hause kommen, und er würde erwarten, dass das Abendessen fertig war. Wie hatte ich das vergessen können? Schließlich war dies eine meiner Pflichten als Ehefrau. Ich schämte mich entsetzlich. Ich hatte meine Mutter und alles, was sie mir beigebracht hatte, entehrt. Dennoch legte ich mich einfach wieder hin und wartete ab. Yussuf konnte mit mir machen, was er wollte, es war mir völlig egal.

Schließlich kam er zurück. Ich hörte seine Schritte im Hof, er rief einem Nachbarn einen Gruß zu, und dann trat er ins Haus. Mir stockte der Atem. Ich saß in der Falle, gleich würde die Tür meines Gefängnisses für immer zuschlagen. Tränen traten mir in die Augen, doch da gewann mein Überlebensinstinkt die Oberhand. Gerade als Yussuf den Vorhang beiseite schob, sprang ich auf. Lachend versuchte er, nach mir zu greifen.

Vielleicht hatte er meine Bewegung missverstanden und dachte, ich wolle mit ihm spielen. Vielleicht wollte er auch nur sein Recht als Ehemann einfordern, auf jeden Fall war ich vor Entsetzen außer mir, als er mich am Arm packte. Ich riss mich los und rannte weg.

Draußen war es stockdunkel, und ich konnte nicht die Hand vor Augen sehen. Wohin sollte ich mich wenden? Wer würde mir helfen wollen, mich verstehen und mich trösten? Meine Eltern würden mich bestimmt sofort wieder zu Yussuf zurückbringen, und ich konnte förmlich spüren, dass sie mit meinem Verhalten nicht einverstanden wären.

Ich hörte Yussufs Schritte hinter mir... er verfolgte mich, er wollte mich zurückholen. Wie ein gejagtes Tier überlegte ich fieberhaft, wohin ich entkommen konnte. Ich weiß nicht, was mich leitete, aber auf einmal schlug ich die Richtung zum Haus seiner Eltern ein. Wenn ich heute daran zurückdenke, so bin ich sicher, dass ich nicht wirklich für immer weglaufen wollte, sondern einfach nur mehr Zeit brauchte. In diesem Augenblick jedoch sah ich nur Yussufs Mutter vor mir, ihre freundlichen, gütigen Augen im verrunzelten Gesicht. Unbewusst hatte ich gespürt, dass sie sich den Regeln unserer Tradition und Religion widersetzen konnte und mir helfen würde.

Schließlich merkte Yussuf, wohin ich lief, und blieb stehen. Auf mein Klopfen hin öffnete mir Yussufs Mutter die Tür. Sie und ihr Mann wollten gerade zu Bett gehen. Ihr überraschter Gesichtsausdruck bei meinem Anblick wich rasch tiefem Verständnis, und sie schloss mich in die Arme. »Mach dir keine Sorgen, du bist hier in Sicherheit, Yussuf kommt nicht hierher. Warte...«

Sie ließ mich allein. Ich hörte, wie sie hinter dem Vorhang mit ihrem Mann flüsterte, als ob sie ihm etwas erklärte. Kurz darauf kam sie zurück und gab mir etwas zu essen. Dann legte sie eine Matte auf den Boden. »Du kannst so lange hier bleiben, wie du möchtest, und brauchst erst wieder zu Yussuf zurückzugehen, wenn du bereit dazu bist. Er ist ein guter Kerl, aber wenn es um die Bedürfnisse einer Frau geht, dann reagiert er genau wie jeder andere Mann. Du brauchst keine Angst vor ihm zu haben – er wird dir ein guter Ehemann sein und dir ein angenehmes Leben ermöglichen. Du wirst noch begreifen, dass er harmlos ist.« Ihre Worte munterten mich auf. Von meiner Angst erlöst, schlief ich sofort ein, als sie gegangen war. Ich schlief die ganze Nacht hindurch tief und fest. Es war ein anstrengender Tag gewesen, aber jetzt war er endlich vorbei.

Am nächsten Morgen weckte Yussufs Mutter mich bei Sonnenaufgang. Beruhigend berichtete sie mir, dass sie schon einen Jungen mit der Nachricht zu meinem Mann geschickt hätten, ich sei jetzt bei seinen Eltern, und er bräuchte erst zu kommen, wenn sie es ihm sagten. Yussufs alter Vater war auch bereits wach. Als er an mir vorbeiging, warf er mir lediglich einen Blick zu.

»Du brauchst keine Angst zu haben«, wiederholte seine Frau. »Er weiß, was vor sich geht, und wird mit Yussuf reden. Du kannst hier bleiben, bis du dich deinen Pflichten als Frau gewachsen fühlst.«

Um ihr ihre Freundlichkeit wenigstens ein wenig zu entgelten, half ich ihr im Haushalt. Während ich die Ecke aufräumte, in der meine Schlafmatte gelegen hatte, hörte ich, wie meine Schwiegereltern an der Haustür miteinander redeten. Yussufs Vater sagte, er wolle gleich heute früh mit seinem Sohn reden und ihm sagen, dass ich doch noch ein Kind sei. Wenn Yussuf mich wirklich haben wollte, so würde er es geschickt anstellen müssen und dürfe mich zu nichts zwingen oder mir Angst einjagen. Er würde einfach abwarten müssen. Nach unserer Tradition muss der Sohn den Rat des Vaters befolgen. Seine Worte beruhigten mich. Jetzt konnte ich mir sicher sein, dass Yussuf mich erst berühren würde, wenn ich es wollte, und unter diesen Bedingungen kam mir das Eheleben erträglich vor. Am Nachmittag erklärte ich Yussufs Mutter, ich würde jetzt zu meinem Ehemann zurückkehren.

Und das tat ich am nächsten Morgen auch. Yussufs Vater begleitete mich. Lächelnd hieß Yussuf mich willkommen. Ich erwiderte sein Lächeln, und dann senkte ich den Kopf, wie es von einer respektvollen, treuen Ehefrau erwartet wird. Rasch nahm ich das Haus in Besitz und machte mich daran, Mittagessen zu kochen. Ein ganzes Jahr lang verlief mein Eheleben ruhig und friedlich. Yussuf und ich teilten alles miteinander, schliefen jedoch nicht im selben Bett. Es war nicht leicht für ihn, aber er dachte an die Worte seines Vaters und akzeptierte die Situation.

FÜNF

Frau und Mutter

Yussuf erwies sich als freundlicher, umsichtiger und aufmerksamer Ehemann, wenn wir alleine waren, aber wenn wir uns in der Öffentlichkeit befanden, ignorierte er mich völlig, wie es den Regeln der islamischen Tradition entspricht. Es war meine Pflicht, ihm das Leben angenehm und behaglich zu machen.

Mir machte das eigentlich nichts aus, schließlich ging es allen anderen Frauen genauso. Mit der Zeit führte ich bei Yussuf ein ähnliches Leben wie bei meinen Eltern, nur dass ich mehr Freiheiten hatte. Meine Ängste hatten sich als völlig ungerechtfertigt erwiesen. Von dem Moment an, wo ich den Fuß in Yussufs Haus gesetzt hatte, durfte ich mich mit den verheirateten Frauen, die seine Familie kannte, treffen, und ich durfte draußen mit jeder Frau sprechen. Da Yussuf oft unterwegs war, konnte ich in Ruhe meine Hausarbeit machen, und im Gegensatz zu dem Leben bei meinen Eltern waren die anderen Erwachsenen freundlich und tolerant mir gegenüber. Ihr Verhalten tat mir gut, und der Schmerz darüber, so abrupt aus meiner Kindheit gerissen worden zu sein, ließ langsam nach.

Nur der Gedanke an körperliche Intimität mit Yussuf nagte noch an mir. Jeden Abend versuchte er schüchtern, sich mir zu nähern, aber jedes Mal reagierte ich mit Angst. Mir war klar, dass ich eines Tages nachgeben musste, weil er fordernder werden würde. Wir waren jetzt schon fast ein Jahr lang miteinander verheiratet, und das war eine lange Zeit für einen Mann, der einen Anspruch auf seine Frau hatte.

Schließlich kam mir mein Körper zu Hilfe. Eines Morgens erwachte ich mit einem nassen Gefühl zwischen den Beinen. Es war Blut – ich hatte meine erste Regel bekommen. Niemand hatte mir je gesagt, wie es sein würde. Zwar hatte ich, als ich noch jünger war, mit meinen Freundinnen darüber geredet, aber es waren verwirrende Gespräche gewesen, weil auch sie keine Ahnung hatten. Nur eine Gewissheit war daraus entstanden: Wenn ein Mädchen seine Periode bekam, bedeutete das, sie war zur Frau geworden. Nachdem ich den ersten Schock überwunden hatte – Schmerzen empfand ich keine –, spürte ich, dass ich Yussuf jetzt geben musste, worauf er seit über einem Jahr wartete.

An jenem Abend gab ich seinem Werben nach. Meine erste sexuelle Erfahrung war enttäuschend, aber auch erleichternd. Die Schmerzen waren nicht so schlimm. Yussuf lag schwer atmend auf mir, aber ich konnte seine Lust nicht teilen. Vielleicht lag das ja daran, dass bei mir als Baby nach unserer Sitte die Klitoris beschnitten worden war. Als alles vorbei war, drehte sich Yussuf zur Seite und schlief ein. Ich blieb die ganze Nacht lang wach und grübelte, ob mein Mann wohl enttäuscht von mir war. Vielleicht war er ja nicht befriedigt. Ich betrachtete ihn und hatte schreckliche Schuldgefühle. Aber ich war ihm auch dankbar, er hatte schließlich so lange gewartet … Während ich seinen gleichmäßigen Atemzügen lauschte, schwor ich mir, ihn in Zukunft glücklicher zu machen. In dieser Nacht begann ich, Zuneigung für meinen Mann zu empfinden, und aus dieser Zuneigung wurde schließlich Liebe.

Das Leben als verheiratete Frau verlief in immer wiederkehrenden Mustern, aber es war nicht besonders anstrengend. Ich kochte für Yussuf, hielt das Haus sauber und manchmal passte ich sogar auf die Kinder der Nachbarin auf. Yussuf sorgte dafür, dass ich immer alles hatte, was ich brauchte. Auf dem Markt konnte ich so viel Geld ausgeben, wie ich wollte, und mir sogar Kleider und Dinge für das Haus kaufen. Oft dachte ich daran, was mein Vater gesagt hatte, als er meine Ehe arrangiert hatte: »Yussuf wird ein guter Ehemann sein… er kann dir ein angenehmes Leben bieten.« Mittlerweile verstand ich, warum meine Eltern mich an ihn verheiratet hatten. Vielleicht war es ihnen auch schwer gefallen, mich so früh wegzugeben. Damals hatte ich sie dafür gehasst, aber jetzt liebte ich sie sehr.

Yussuf erlaubte mir, sie so oft wie möglich zu besuchen, und ich ging auch häufig hin. Die Besuche in meinem Elternhaus waren immer eine Freude für mich, aber ich dachte dann auch an mein erstes Kind. Nach unserer Tradition wird das erste Kind bei den Eltern der Braut geboren, und ich freute mich darauf, längere Zeit bei meiner Mutter zu verbringen. Wieder würde ich die Freuden der Kindheit genießen können, morgens würden mich vertraute Stimmen und Geräusche wecken… Wie lange wollte ich eigentlich noch damit warten? Warum wurde ich nicht endlich schwanger?

Ich begann, mir Sorgen zu machen. Immer wenn ich meine Periode bekam, reagierte Yussuf gereizt. Er wollte ein Kind, und es irritierte ihn, dass ich nicht schwanger wurde. Hinzu kam, dass es in unserem Gebiet keine Arbeit mehr für ihn gab und er, wie so viele andere Männer auch, in den Süden gehen wollte. Vorher jedoch sollte ich ein Kind erwarten.

Meine Unfruchtbarkeit war das einzige Problem in unserer Ehe. Ich war hin und her gerissen zwischen dem Wunsch,

Yussuf zu gefallen, und meiner Angst vor Schwangerschaft und Geburt. Ich fürchtete, ein Baby würde mich in meiner neu erworbenen Freiheit behindern, und das wollte ich nicht, genauso wie ich anfangs nicht hatte heiraten wollen. Wenn es nach mir gegangen wäre, hätte ich keinen Gedanken daran verschwendet, schwanger zu werden.

Yussuf dagegen war ungeduldig, und eines Tages erklärte er mir, er wolle den *mai magani* aufsuchen, den Dorfschamanen. Er solle mir etwas geben, damit ich fruchtbar würde. Ich war dem Heiler Sani schon einmal begegnet und hielt ihn für einen sehr weisen und mächtigen Mann.

Sani saß in seinem Hof auf einem hölzernen Hocker. Als wir zu ihm traten, stand er auf, begrüßte Yussuf und warf mir einen raschen Blick zu. Der Sitte gemäß schlug ich die Augen nieder und schwieg. Es war die Aufgabe meines Mannes, ihm das Problem zu erklären. Das war jedoch nicht nötig, weil Sani sowieso alles zu wissen schien. Er sagte, Unfruchtbarkeit sei unter den Frauen in Sokoto weit verbreitet, und man könne leicht etwas dagegen unternehmen. Er habe eine sichere Medizin, könne allerdings nicht garantieren, dass sie sofort wirkte.

Seine Worte wiegten mich in dem Glauben, ich könne selber entscheiden, wann ich schwanger werden wollte. Ich brauchte ja nur Sanis Anweisungen nicht zu befolgen. Außerdem fühlte ich mich überhaupt nicht krank und war sicher, dass ich jederzeit auch ohne die Hilfe des Heilers schwanger werden konnte. Mein Körper war einfach noch nicht bereit dazu, ich brauchte nur ein bisschen Zeit.

Der Schamane und mein Mann sahen das allerdings anders. Sie wollten die Dinge beschleunigen. Sani gab Yussuf ein Bündel Blätter mit einem braunen Pulver darin. Er erklärte, ich solle ein wenig von dem Pulver in Milch auflösen und es ein paar Tage hintereinander jeden Morgen trinken. Und um meine Fruchtbarkeit noch mehr zu steigern, gab er Yussuf ein Amulett; es sah aus wie eine Hühnerklaue mit einem bunten Faden darum. Wir sollten es unter das Bett legen, wenn wir miteinander schliefen. Kichernd meinte Sani, Yussuf würde bald zurückkommen und sich bei ihm für meine Fruchtbarkeit bedanken.

Damit war unser Treffen vorbei. Sani stand auf und führte uns zum Hoftor. Dort sagte er, er wolle noch einmal mit Yussuf alleine sprechen. Ich ging ein paar Schritte voraus und beobachtete dann, wie Sani auf Yussuf einredete. Mein Mann nickte nur.

In den nächsten Tagen merkte ich, dass mein Plan, Sanis Medizin zu ignorieren, nicht aufging. Yussuf achtete jeden Morgen darauf, dass ich die Mischung trank, und wenn wir uns abends hinlegten, legte er die Hühnerklaue unter das Bett.

Und Sanis Medizin wirkte … oder vielleicht war auch nur mein Körper jetzt bereit. Yussufs Wunsch ging jedenfalls in Erfüllung.

Ich war sechzehn, und zum ersten Mal blieb meine Periode aus. *Das muss nicht unbedingt bedeuten, dass ich schwanger bin,* dachte ich und hoffte, dass ich Recht hatte. Aber ein paar Tage später war mir morgens übel, und ich fühlte mich benommen. Ich musste unbedingt mit Yussuf reden. Er strahlte vor Freude und holte den *mai magani*, damit er mich untersuchte. Ja, ich war schwanger. Während Yussuf vor Glück ganz außer sich war, brach ich in Tränen aus. Er glaubte, ich würde vor Freude weinen, und ich ließ ihn in dem Glauben, aber es stimmte nicht. Ich weinte vor Angst und Schmerz. Ich wollte das Baby nicht, ich war noch nicht so weit.

Meine Niedergeschlagenheit ließ auch in den folgenden Monaten nicht nach. Bei uns ist eine Schwangerschaft ein wichtiges Ereignis. Mein Bauch wuchs, und man schenkte mir viel Aufmerksamkeit. Yussuf hatte mich von allen schweren Pflichten befreit, und die Frauen in der Nachbarschaft kümmerten sich hingebungsvoll um mich und nahmen mir die Hausarbeit ab. Trotzdem konnte ich meinen Zustand nicht genießen.

Ich empfand das Baby, das ich erwartete, als Bedrohung für meinen Frieden. Und ich hatte die nagende Angst, ich würde vielleicht keine gute Mutter sein. Würde ich es schaffen, mich gleichermaßen um das Baby und um Yussuf zu kümmern? Ich fand den Gedanken, dass mir jeglicher mütterliche Instinkt fehlte, so schrecklich, dass ich meiner Umgebung gegenüber Freude heuchelte. Glücklicherweise fanden alle meine häufigen Tränenausbrüche normal für eine werdende Mutter.

Kurz vor der Geburt kehrte ich ins Haus meiner Eltern zurück. Sie begrüßten mich voller Freude. Mein Vater gab ihr, wie üblich, nur mit wenigen, ruhigen Worten Ausdruck, aber Mama war äußerst liebevoll. Ich hingegen war überhaupt nicht glücklich, obwohl ich den Augenblick herbeigesehnt hatte. In ein paar Tagen sollte ich entbinden; mein Bauch war rund und schwer. Aber ich war so deprimiert, dass ich nicht wusste, wie ich empfinden sollte.

Trotz meiner Zweifel und Ängste kam der Tag jedoch. Ich lag in den Wehen auf einem großen Bananenblatt auf dem Boden, und meine Mutter und die alten Frauen aus dem Dorf waren um mich versammelt. Niemand hatte mir gesagt, welche Schmerzen ich haben würde, und nachdem ich neun Monate lang das Kind im Stillen abgelehnt hatte, dehnte sich die Qual endlos. Ich dachte, ich würde sterben, ich hatte schreckliche Angst… Warum nur ließen die Schmerzen nicht nach? Aber schließlich war es überstanden – und auf einmal war alles anders. Ein Blick auf mein neugeborenes Kind brachte mein Herz zum Schmelzen. Stolz hielt meine Mutter mir das Baby hin. »Schau her, Safiya… sie ist so süß!«

Ja, das war sie wirklich, und sie gehörte mir… meine Tochter… Ich war so glücklich und liebte sie vom ersten Moment an so sehr, dass kein anderes Gefühl mehr Raum hatte. Meine Tränen des Schmerzes verwandelten sich in Tränen der Freude, und diese Freude war tausendmal größer als alle Angst, die ich in diesen neun Monaten durchgemacht hatte.

Die Frauen versorgten mein Kind und mich liebevoll, dann ließen sie uns in dem dämmerigen Zimmer allein. Ich musste meine Tochter immerzu anschauen, so selig war ich. Am liebsten hätte ich sie auf der Stelle Yussuf gezeigt und gesagt: »Sieh sie dir an… die Frucht unserer Liebe.« Ich hätte so gerne sein Strahlen gesehen.

Aber nach unserer Tradition darf der Vater das Kind erst nach sieben Tagen sehen. Erst dann darf er ins Haus seiner Schwiegereltern kommen und dem Kind einen Namen geben.

Als der Tag gekommen war, wartete ich aufgeregt auf sein Erscheinen. Mama machte mich hübsch zurecht und half mir, mein bestes Kleid anzuziehen. Dann nahm sie meine Tochter, die mehr als sonst schrie, als ob sie wisse, was ihr Wichtiges bevorstand. Ich stillte sie und erzählte ihr dabei, dass wir auf ihren Vater warteten.

Als Yussuf schließlich kam, bebte ich vor Aufregung. Ich war so glücklich und bewegt, dass ich anfing zu weinen, als ich sah, dass seine Augen feucht wurden. Aber er war ein Mann, und solange meine Mutter im Zimmer war, durfte er keine Zeichen von Schwäche zu erkennen geben. Also stand er steif neben mir, bis meine Mutter hinausgegangen war, und dann beugte er sich über unsere Tochter, um sie zu betrachten. Er ging sehr liebevoll mit dem Baby und mir um, streichelte die Kleine die ganze Zeit und lächelte mich an. »Inno«, sagte er, »wir nennen sie Inno!« Sein Tonfall klang beinahe fragend, er bat mich tatsächlich um Zustimmung, und das überraschte mich. Dazu war er nicht verpflichtet. Ich nickte stumm, und er küsste mich. Dann teilten wir meiner Familie den Namen unserer ersten Tochter mit.

Gemäß der Tradition müssen Mutter und Kind weitere vierzig Tage im Haus der Eltern bleiben, wenn der Vater da war und dem Kind einen Namen gegeben hat. Während dieser Zeit müssen Mutter und Kind jeden Tag ein heißes Bad nehmen. Mit Hilfe unserer Nachbarn machte meine Mutter es jeden Tag fertig. Mir war klar, wie viel zusätzliche Arbeit es bedeutete, und ich war tief gerührt und dankbar. Jeden Tag musste zweimal so viel Wasser wie sonst vom Brunnen geholt und heiß gemacht werden.

Rückblickend empfinde ich diese vierzig Tage als die glücklichste Zeit meines Lebens. Alle umgaben mich mit ihrer Liebe, und Yussufs tägliche Besuche machten mich noch glücklicher. Ich liebte ihn, und ich war stolz darauf, dass ich ihm unsere wundervolle Inno geschenkt hatte. Jeden Abend, bevor ich mit unserer Tochter im Arm einschlief, sagte ich mir, dass ich nie – noch nicht einmal in meinen kühnsten Träumen – so viel Glück erwartet hätte.

Als die vierzig Tage vorbei waren, kam Yussuf uns abholen. Jetzt stand uns noch ein weiterer Monat bevor, in dem die traditionellen Rituale erfüllt werden mussten. In dieser Zeit mussten wir unsere Verwandten und Freunde besuchen, um ihnen das Baby zu zeigen. Stolz ging ich mit dem Baby auf dem Arm einen Schritt hinter Yussuf her, und wir besuchten jeden Tag ein anderes Haus.

Ja, jetzt hatte ich alles erfüllt, was eine Frau tun muss, und ich hatte meine Sache gut gemacht. Wenn ich durch den Ort ging, dachte ich an meine Kindheit und daran, wie ich neben Großmutter hergegangen war und andächtig ihren Worten gelauscht hatte. Damals hatte ich mir gewünscht, jeder möge sehen, dass sie mich wie eine Erwachsene behandelte. Jetzt lächelte ich bei dem Gedanken, dass mein Kindheitstraum sich erfüllt hatte. Ich war nun eine erwachsene Frau. Ich, Safiya, führte ein erfülltes Leben, wurde geachtet und bewundert. Mit hoch erhobenem Kopf ging ich meinen Weg, und ich setzte große Hoffnungen in die Zukunft.

Aber mein Glück sollte nur von kurzer Dauer sein.

SECHS

Nimm stattdessen mich, Allah!

Nach Innos Geburt ging Yussuf wie geplant mit einem seiner Brüder nach Süd-Nigeria. Er kam regelmäßig nach Hause und schwängerte mich noch drei Mal. Innerhalb weniger Jahre hatte ich vier Kinder: Inno, Kulu, Asiya und unseren einzigen Sohn, Zayyanu.

Die vier Kinder hielten mich auf Trab, und ich bemühte mich sehr, sie zu guten Moslems zu erziehen und dafür zu sorgen, dass sie sich frei entfalten konnten.

Ich war zufrieden mit meinem Leben. Finanziell war ich gut gestellt, weil Yussuf regelmäßig Geld nach Hause schickte. Er verdiente sehr gut, und ich wusste, dass er zumindest zwei Brüder und eine Schwester unterstützte.

Ich kümmerte mich um die Kinder und wartete darauf, dass er nach Hause kam. Ich freute mich immer, wenn er endlich wieder da war, und ich sah ihm an, dass er genauso glücklich war wie ich. Was konnten ein Mann und eine Frau mehr vom Leben verlangen, als gesund und glücklich mit ihren Kindern zusammenzusein?

Yussuf blieb nie lange, aber in den wenigen Tagen verwöhnte ich ihn nach Kräften. Ich kochte ihm seine Lieblingsmahlzeiten, umhegte und umsorgte ihn und tat mein Bestes, um ihn nicht mit irgendwelchen Problemen zu belasten, so dass er sich entspannen und seine Familie genießen konnte.

Ich mochte es allerdings nicht, wenn unsere Privatsphäre gestört wurde, wie zum Beispiel durch die gelegentlichen Besuche seiner Freunde aus Sokoto. Zugleich jedoch hoffte ich auch immer, dass einer der Gäste Yussuf eine Arbeit im Ort anbieten würde, damit ich ihn jeden Abend bei mir hatte. Aber das passierte nie, und nach ein paar Tagen ließ er mich wieder allein.

Trost fand ich in der Tatsache, dass ich nicht als Einzige mit diesen schmerzvollen Trennungen zurechtkommen musste. Sokoto ist eine arme Region. Das bisschen Landwirtschaft bietet nicht genug Arbeit für alle, und deshalb ziehen viele Männer in die reicheren Staaten im Süden. Viele andere Frauen im Dorf teilten mein Schicksal: Unsere Männer waren die meiste Zeit nicht zu Hause. Wir trafen uns häufig, um miteinander zu plaudern oder uns bei der Hausarbeit zu helfen. Alles in allem war das Leben jedoch nicht besonders anstrengend. Mir war bewusst, wie gut es mir ging, und ich hatte Freude an meinen Kindern, die gesund und gut erzogen waren.

Eines Tages kam Yussuf nach Hause und machte ein sehr ernstes Gesicht. Irgendetwas musste los sein. Er redete nicht und war sehr ungeduldig mit den Kindern. Es war ihm anzusehen, dass er Sorgen hatte, aber eine moslemische Frau hat nicht das Recht, ihren Mann nach den Gründen für sein Verhalten zu fragen, also bemühte ich mich, ihn aufzuheitern, in der Hoffnung, dass er mir erzählen würde, was los war.

Die Tage vergingen, und seine Stimmung besserte sich nicht. Ich machte mir langsam ernsthafte Sorgen, aber jeder Versuch, ihm ein Lächeln zu entlocken, war zwecklos. Schließlich sagte er: »Safiya, du wirst mit weniger Geld auskommen müssen. Ich kann dir nur noch die Hälfte des früheren Betrages schicken, es gibt nicht genug Arbeit. Und ich werde auch nur noch selten nach Hause kommen, weil die Fahrt so teuer ist.

Nächsten Monat kommt mein Bruder aus Sokoto. Ich gebe ihm das Geld mit.«

Das war nicht so schlimm, wie ich befürchtet hatte, aber die Zukunft sah doch ein wenig düster aus. Ich würde mit der Hälfte des Geldes auskommen müssen, und vor allem über einen längeren Zeitraum, weil Yussuf nicht mehr so oft nach Hause kommen würde. Ich machte mir Sorgen, aber unsere Tradition und meine Rolle als treue Ehefrau untersagten mir, eine Antwort zu geben oder die Entscheidungen meines Mannes in Frage zu stellen.

Ich konnte nur versuchen, mich so gut wie möglich auf die veränderte Situation einzustellen und vor allem dafür zu sorgen, dass die Kinder unter unseren finanziellen Problemen nicht zu leiden hatten. Bis dahin hatte ich immer Glück gehabt, und das heiterte mich ein wenig auf: Viele von den anderen Frauen, deren Männer auswärts arbeiteten, hatten bereits seit geraumer Zeit Geldsorgen. Bis jetzt hatte Yussuf immer dafür gesorgt, dass ich alles hatte, was ich brauchte, deshalb war ich entschlossen, ihm zu beweisen, dass ich auch mit den veränderten Umständen zurechtkam.

Es war jedoch nicht leicht. Die Kinder waren daran gewöhnt, alles zu bekommen, was sie wollten, und jetzt beklagten sie sich, weil es zum ersten Mal nicht genug zu essen gab und sie gezwungen waren, länger mit ihren Sachen auszukommen. Ständig wollten sie Süßigkeiten und Spielzeug haben, was ich mir nicht mehr leisten konnte. Sie bekamen Wutanfälle, schmollten und schluchzten, und das Leben zu Hause wurde ziemlich anstrengend. Glücklicherweise waren die anderen Frauen aus dem Dorf sehr hilfsbereit und gaben mir Milch, Hirsebrei und Fleisch, damit meine Kinder etwas zu essen hatten. Ich konnte nur hoffen, dass Yussufs Bruder bald mit dem Geld kam.

Es war demütigend, und ab und zu packte mich die Verzweiflung. Was würde passieren, wenn das Geld nicht bald kam? Wie war es nur möglich, dass andere Frauen schon jahrelang so lebten? Jeden Tag betete ich zu Allah und bat ihn um Hilfe. Ich war mir sicher, dass er mich schließlich erhören würde und wir wieder glücklich würden. Aber nichts geschah.

Zayyanu, mein jüngstes Kind und einziger Sohn, war erst anderthalb Jahre alt, aber er war der lebhafteste von meinen Kindern. Er stellte mehr Unsinn an als seine drei Schwestern zusammen. Morgens wachte er als Erster auf, und dann rannte er hierhin und dorthin, und ich war gezwungen, ebenfalls aufzustehen, um ihn im Auge zu behalten. Seine Energie war unerschöpflich, und selbst am Abend war er noch so munter wie nach Sonnenaufgang.

Eines Morgens jedoch blieb er zusammengerollt auf seiner Matte liegen. Zuerst machte ich mir keine Gedanken, aber als ich ihn hochhob, um ihn mir auf den Rücken zu binden, stellte ich fest, dass es ihm nicht gut ging. Statt zu zappeln war er ungewöhnlich ruhig und ließ sich leise wimmernd in sein Tuch legen. Zayyanu war kein Kind, das Theater spielte, deshalb musste ihm ernstlich etwas fehlen, wenn er sich so benahm. Da aber Kinder oft irgendwelche Wehwehchen haben, dachte ich mir weiter nichts und ging mit ihm auf den Markt. Als wir wieder zu Hause waren und ich ihn auf seine Matte legte, fielen mir ein paar kleine Pusteln auf seinen Armen und seinem Gesicht auf. Zunächst dachte ich, er hätte sich vielleicht mit einer seiner Schwestern aus dem Haus geschlichen und draußen eine der zahlreichen giftigen Früchte gegessen, die im Busch wachsen.

Als ich das Essen fertig hatte, beschloss ich, mit ihm zum *mai magani* zu gehen, falls es bis zum Abend nicht besser geworden war. Ich versuchte, Zayyanu zu füttern, aber er wollte nichts essen. Seine Stirn glühte, und er hatte sicher Fieber.

Krank vor Sorge band ich ihn mir auf den Rücken und ging sofort zu Sani. Die Worte des Heilers waren kein Trost: Er sagte, Zayyanu sei ernsthaft krank, und ich solle ihm so viel Wasser wie möglich zu trinken geben. Er gab mir auch einen Kräutertrank, um Zayyanus Fieber zu senken, und meinte, ich solle ihn einfach schlafen lassen und ihm leichte Kost zu essen geben.

Als ich mit Zayyanu wieder nach Hause ging, spürte ich förmlich, wie mich meine geistige und körperliche Kraft verließ. Mein kleiner Junge, der einzige Sohn, den ich Yussuf hatte geben können, war in Gefahr ... und Yussuf wusste von nichts! Oh, wenn er doch nur bei uns wäre! Ich hätte seine Hilfe so sehr gebraucht!

Dass das Geld so knapp war, machte alles nur noch schlimmer. Vielleicht dauerte Zayyanus Krankheit ja länger, und er brauchte viel Medizin. Was sollte ich nur machen? Ich wusste es nicht. Einen Moment lang überlegte ich, ob ich eine Freundin um Hilfe bitten und mir Geld leihen sollte, aber diesen Gedanken verwarf ich rasch wieder. Bis jetzt hatte ich mir nichts anmerken lassen, und ich schämte mich, jemand anderem meine Not zu offenbaren. Das wäre auch respektlos gegenüber Yussuf gewesen, weil dann alle gewusst hätten, dass er nicht genug verdiente, um seine Familie zu erhalten.

Da erschien es mir schon vernünftiger, meinen Vater um ein Darlehen zu bitten. Ich beschloss, Inno zum Haus ihrer Großeltern nach Tungar Tudu zu schicken, um meine Mutter zu bitten, zu uns zu kommen. Dann könnte ich ihr alles erzählen und sie bitten, mit meinem Vater zu sprechen, damit er uns ein wenig Geld lieh. Und sie konnte ein paar Tage bei uns bleiben, bis es Zayyanu besser ging, und uns zum Heiler begleiten.

Als ich jedoch nach Hause kam, warteten schreckliche Nachrichten auf mich. Inno stürzte auf mich zu. »Komm rasch, Mama. Kulu geht es nicht gut!«, rief sie. Ohne mir Zayyanu vom Rücken zu nehmen, lief ich gleich zu meiner dritten Tochter. Sie lag wimmernd auf ihrer Matte. Auch ihre Arme waren mit Pusteln bedeckt.

Ich war wie gelähmt vor Angst und brachte keinen Ton hervor. Inno und Asiya blickten mich ängstlich an. Sie erwarteten von mir, dass ich etwas tat, eine Entscheidung traf und sie beruhigte. Aber ich konnte keinen klaren Gedanken fassen. Meine Kehle war wie zugeschnürt. Am liebsten wäre ich vor Verzweiflung und Erschöpfung in Tränen ausgebrochen. Aber ich wusste, dass ich mir das vor den Kindern nicht leisten konnte. Also riss ich mich zusammen und nahm die Dinge in die Hand. Ich wies Inno an, sofort nach Tungar Tudu zu laufen und Großmutter zu holen. Dann legte ich Zayyanu auf seine Matte. Er hatte immer noch hohes Fieber, aber wenigstens schlief er. Danach kümmerte ich mich um Kulu. Ihre Stirn glühte, und ich sah deutlich, wie schlecht es ihr ging. Vertrauensvoll blickte sie mich aus ihren großen Augen an. Ich versuchte sie zu beruhigen und sagte ihr, sie würde sich morgen bestimmt wieder besser fühlen.

Ich schickte Asiya zum Brunnen, um Wasser zu holen. Was Sani für Zayyanu angeordnet hatte, traf sicher auch für Kulu zu – sie musste bestimmt ebenfalls viel trinken. Mit dem Wasser, das ich noch im Haus hatte, bereitete ich einen Kräutertrank zu und gab den Kindern davon zu trinken. »Schlaf, mein Liebling«, sagte ich zu Kulu. »Mach dir keine Sorgen, dir wird es bald wieder besser gehen.« Sie nickte und rollte sich auf ihrer Matte zusammen.

Zayyanu schlief jetzt schon eine ganze Weile. Er wirkte ruhig und hatte anscheinend keine Schmerzen. Aber war es normal für so ein lebhaftes Kind, so lange zu schlafen? Ich hatte mich noch nie so hilflos gefühlt. Wenn wenigstens meine Mutter endlich käme … Wenn es den Kindern morgen nicht besser ginge, würde ich mit ihr zu einem anderen Heiler gehen, beschloss ich.

Vielleicht wollte Allah mich prüfen, weil mein Leben bis jetzt zu einfach gewesen war, und es war nur gerecht, dass meine Familie jetzt eine schwierige Zeit durchmachte. Wenn das der Fall war, so wollte ich es hinnehmen, aber ich wollte ihn trotzdem bitten, meine Kinder zu verschonen, weil ich es nicht ertragen konnte, sie zu verlieren. Ich kniete mich nach Osten, nach Mekka hin, rezitierte die Koranverse und betete zu Gott. »Bitte, verschone Kulu und Zayyanu, sie sind meine Kinder, ich kann ohne sie nicht leben … Lass Yussuf bald nach Hause kommen, wir brauchen ihn … wenn er hier wäre, wäre alles besser …«

Ich betete und weinte. Da die Kinder nicht da waren, konnte ich weinen und mich meiner Verzweiflung hingeben.

Schließlich kam Inno aus Tungar Tudu zurück und sagte mir, meine Mutter würde am nächsten Morgen zu mir kommen. Ich bereitete das Essen zu und versuchte, auch Kulu und Zayyanu etwas einzuflößen, aber mein kleiner Sohn wachte nicht einmal auf. Er konnte weder den Kräutertrank von Sani noch das Wasser schlucken. Kulu aß ein wenig und trank auch etwas Wasser, aber sie hatte hohes Fieber und schlief sofort wieder ein.

Wieder betete ich zu Allah, meine Kinder zu verschonen. »Nimm stattdessen mich …« Die ganze Nacht über wachte ich bei ihnen.

Am nächsten Morgen ging es beiden noch schlechter. Zayyanu war nicht bei Bewusstsein; er atmete schwer und sein ganzer Körper glühte. Kulu ging es nicht viel besser. Sie begrüßte mich mit schwacher Stimme und schlief sofort wieder ein, nachdem sie die Kräutermischung getrunken hatte. Das Fieber war noch schlimmer geworden. Ich konnte nicht mehr länger warten. Ich musste zu einem anderen Heiler gehen, der als der beste in der ganzen Region galt. Ich hatte zwar kein Geld, um ihn zu bezahlen, aber darüber würde ich mir später Gedanken machen. Von meiner Mutter hatte ich noch nichts gehört. Ach, wenn sie sich doch nur beeilen würde! Sie würde mir bestimmt einen Rat geben können, und vielleicht hätte sie sogar etwas Geld dabei. Mein Selbstvertrauen hatte sich in Nichts aufgelöst, ich war keine erwachsene, verantwortungsbewusste Frau mehr, sondern nur noch ein verängstigtes Kind, das Trost suchend zu seiner Mutter lief.

»Ich bin da, Safiya …«

Erleichtert vernahm ich ihre Stimme. »Sie sind krank, Mama. Es ist seit gestern so schlimm geworden …«, stieß ich hervor.

Sie betrachtete Zayyanu und Kulu und stimmte mir zu, dass es sehr schlecht um die beiden stand. Sie schlug vor, Sani zu holen, damit er die Kinder noch einmal untersuchen und ihnen vielleicht eine andere Medizin geben konnte. Aber es war schon zu spät. Als Sani endlich kam, sagte er uns, dass es für Zayyanu keine Hoffnung mehr gäbe.

Wütend wandte ich mich gegen Sani. Wie konnte er so etwas sagen? Er hatte doch selber mit seiner Medizin und seinen Amuletten dazu beigetragen, dass sie zur Welt gekommen waren, und jetzt konnte er nicht einmal ihr Leben retten? Warum konnte er Zayyanu nicht helfen? Fassungslos brach ich in Tränen aus.

»Nein! Nein! Er darf nicht sterben!«, schrie ich, ohne mich darum zu kümmern, dass ich nicht alleine war. Ich hatte nur noch einen Gedanken: Mein kleiner Junge! Er war mein Leben, und er starb. Schluchzend nahm ich ihn in die Arme, wiegte ihn und drückte ihn fest an mich, als könne ich ihn vor dem Tod bewahren.

»Warum ist Gott so grausam? Warum will er mir meinen kleinen Jungen nehmen?«, weinte ich. »Womit hat dieses Kind es verdient zu sterben? Warum hat Allah nicht auf meine Gebete gehört und mich stattdessen zu sich genommen? Warum?«

Kurz darauf starb Zayyanu in meinen Armen. Sani war immer noch da. Er blickte uns bekümmert an, dann sagte er zu mir, ich müsse mich jetzt um Kulu kümmern. »Ich kann nichts mehr für sie tun. Kein Heiler kann es. Die Krankheit hat schon so viele Kinder in diesem Gebiet getötet. Vielleicht gibt es ja in Sokoto einen Arzt, der helfen kann, aber die Medikamente, die er verschreiben wird, kosten viel Geld.«

Der Gedanke daran, dass ich Kulu möglicherweise retten konnte, verlieh mir neue Kraft. Den Verlust eines Kindes konnte ich ertragen, aber den von zweien nicht. Ich bat meine Mutter, nach Hause zu gehen und meinen Vater um Geld zu bitten, und dann so schnell wie möglich zu mir zurückzukommen. In der Zwischenzeit würde ich mich um Zayyanu kümmern, der unserer Tradition nach innerhalb weniger Stunden beerdigt werden musste. Ich musste meinen kleinen Sohn mit Duftessenzen waschen und ihn in ein weißes Laken wickeln. Dann würde ich zusehen, wie vier Männer aus dem Dorf ihn auf einer *achakwa*, einer Trage aus Bambusstangen, für immer aus dem Haus tragen würden.

Ich wusste noch nicht, wie ich es ertragen sollte, aber mir war auch klar, dass ich jetzt Kulu meine ganze Aufmerksamkeit widmen musste. Sie lag auf ihrer Matte und nahm kaum noch wahr, was sich um sie herum abspielte. Du darfst nicht sterben, mein Kind! O bitte, geh nicht!, dachte ich schluchzend. Entschlossen wandte ich mich an Sani.

»Bitte, ich möchte einen von den Ärzten aus Sokoto. Es ist mir egal, wie viel es kostet. Bring ihn nur so rasch wie möglich hierher.«

Er versprach mir, sofort dorthin zu gehen.

Mehr konnte ich im Moment für Kulu nicht tun. Ich strich ihr über die Stirn und flüsterte ihr tröstende Worte zu. Es war quälend, sie so still daliegen zu sehen.

Schließlich musste ich mich um Zayyanu kümmern. Ich schickte Asiya und Inno Wasser und ein paar andere Dinge holen, dann kniete ich mich neben seine Matte. Er sah aus, als ob er schliefe. Er war so schön ... wie sollte ich es nur ertragen, ihn nie wieder plappern zu hören ... Die Tränen liefen mir über die Wangen, und lange Zeit saß ich nur da, streichelte ihn und hielt ihn in den Armen. »Mein Junge, mein kleiner Junge ... warum? Oh, warum nur?«

Dann begann ich, ihn für die Beerdigung fertig zu machen. Der Schmerz brach mir fast das Herz, und ich hatte das Gefühl, ich müsse sterben.

Bei Sonnenuntergang wurde er beerdigt. Ich hatte keine Tränen mehr. Ich hatte den ganzen Tag beim Anblick meines toten Kindes geweint.

Als ich wieder nach Hause kam, setzte ich mich zu Kulu. Ihr ging es immer schlechter, und ich wachte die Nacht über an ihrer Matte. Als die Sonne aufging, erwartete ich, dass Sani jeden Moment mit dem Arzt eintreffen würde, aber er kam erst gegen Nachmittag. Es war ihm nicht gelungen, in Sokoto einen Arzt zu finden, der sofort mit ihm kommen konnte, erklärte er. Ein Arzt aus dem Krankenhaus habe sich bereit erklärt, Kulu zu untersuchen, aber er könne erst morgen kommen.

Wütend schrie ich ihn an: »Was hast du getan? Du bist unverbesserlich! Hast du ihm denn nicht erklärt, was los ist? Kein menschliches Wesen ist imstande, ein kleines Mädchen sterben zu lassen, nur weil er keine Zeit hat, sofort aus der Stadt zu kommen!«

Eine Frau durfte nicht so mit einem Mann sprechen, vor allem nicht, wenn es sich um einen weisen alten, treuen Diener Allahs handelte wie den Heiler. Aber Sani war klar, in welchem Zustand ich mich befand, und deshalb unternahm er nichts.

Kurz darauf kam meine Mutter mit etwas Geld und einem Segen von meinem Vater. »Safiya, er lässt dir ausrichten, er betet für dich und Kulu.«

Mir wurde warm ums Herz. »Mama, mit dem Geld kann ich nach Sokoto gehen und nach einem Arzt suchen. Wenn es sein muss, schleife ich ihn hierher.«

Ich war entschlossen, es selber zu versuchen, aber meine Mutter redete es mir aus. »Tu es nicht, Safiya. Es wäre nutzlos. Wenn sie nicht auf einen Mann und Heiler wie Sani hören, wie kannst du dann erwarten, dass sie mit dir mitkommen? Du bist doch nur eine arme Frau.«

Sie hatte Recht. Ich konnte nur jammern und beten. Ich hockte mich neben Kulus Matte. Viel konnte ich nicht für sie tun. Sie war glühend heiß und wirkte beinahe bewusstlos.

Wut, Aufruhr, Schmerz und Trauer stiegen in mir auf, aber Kulu brauchte Ruhe und Frieden. Die ganze Nacht über versuchte ich, ihr etwas zu essen und zu trinken einzuflößen, aber sie behielt nichts bei sich.

Der Arzt aus dem Krankenhaus in Sokoto, der versprochen hatte, am nächsten Tag zu kommen, ließ sich nicht blicken.

Am späten Nachmittag kochte ich vor Wut. Kulu ging es immer schlechter, und ich fühlte mich ohnmächtig angesichts ihres Zustands.

Meine Mutter schickte Inno noch einmal zu Sani. Er schlug vor, noch einmal nach Sokoto zu gehen, um einen Arzt aufzutreiben.

Ein weiterer Abend, eine weitere Nacht... weitere quälende Stunden an Kulus Matte. Sie war bewusstlos und atmete schwer. Ich rief sie bei ihrem Namen und streichelte sie, aber sie reagierte nicht. Der Schmerz überwältigte mich, ich betete zu Gott, sie zu retten, und machte ihm bittere Vorwürfe. »Was habe ich getan, dass du mich so strafst? Was haben Zayyanu und Kulu getan?«

Am nächsten Morgen kam Sani endlich mit einem Arzt. Er untersuchte Kulu und schüttelte den Kopf. Sie hatte Windpocken... und wahrscheinlich war es zu spät, um irgendetwas zu unternehmen. Als mir klar wurde, was er mir sagen wollte – dass auch Kulu sterben würde –, verlor ich völlig die Beherrschung. Ich schrie ihn an: »Das ist alles Ihre Schuld! Wenn Sie rechtzeitig gekommen wären, dann wäre sie wieder gesund geworden. Gott wird Sie dafür strafen! Und wenn mein Mann wieder da ist, werden Sie dafür bezahlen müssen!«

Dieser Ausbruch kostete mich das letzte Restchen Kraft, das noch in mir war. Seit drei Tagen hatte ich weder geschlafen noch etwas gegessen. Ich brach zusammen, und eine unwirkliche Ruhe umgab mich. Ich sah alles wie durch einen Nebelschleier. Die kranke Kulu, mich auf dem Boden daneben, meine Mutter, Sani und den Arzt, die die Köpfe zusammensteckten. Der Arzt sagte zu meiner Mutter, wir hätten ihn gleich aufsuchen sollen, statt zu einem Heiler zu gehen, weil man Windpocken in einem frühen Stadium mit den entsprechenden Medikamenten behandeln kann. Sani fügte hinzu, er habe mir schon bei meinem ersten Besuch mit Zayyanu empfohlen, zu einem Arzt in Sokoto zu gehen. Dann sagte der Arzt noch etwas zu meiner Mutter: Windpocken seien ansteckend. Das bedeutete, dass auch Inno und Asiya krank werden konnten.

Er erklärte uns, wir sollten die beiden Mädchen gut im Auge behalten und uns sofort an ihn wenden, wenn sie ähnliche Symptome wie Zayyanu oder Kulu bekämen. Bevor er ging, gab er meiner Mutter ein paar Tabletten für Kulu, meinte jedoch, er bezweifle, dass sie in diesem fortgeschrittenen Stadium noch etwas nützen würden. Meine Mutter bezahlte ihn und Sani, und dann gingen die beiden.

Kurz darauf starb Kulu genau wie ihr Bruder in meinen Armen, nachdem sie die erste von den Tabletten geschluckt hatte, die der Arzt dagelassen hatte. Meine Qual war so groß, dass ich das Gefühl hatte, auch sterben zu müssen. Ich war am Boden. Innerhalb weniger Tage hatte ich zwei meiner vier Kinder verloren. Nur dank meiner Liebe zu Inno und Asiya erholte ich mich schließlich wieder. In der nächsten Zeit beobachtete ich sie ständig und wachte misstrauisch über das kleinste Anzeichen von Schwäche. Der Gedanke, dass auch sie Windpocken bekommen und sterben könnten, war unerträglich, aber glücklicherweise stellte sich heraus, dass sie sich nicht angesteckt hatten.

Es war eine schreckliche Zeit, und meine Mutter beschloss, bei mir zu bleiben, bis es mir wieder besser ging. Es tat mir gut, dass sie da war. Als ich die Trauer um Zayyanu und Kulu einigermaßen überwunden hatte, stand ich vor finanziellen Problemen. Ich besaß keinen Pfennig, und es war schon sehr lange her, seit Yussuf mir zum letzten Mal Geld geschickt hatte.

Und vor allem hörte ich auch nichts von ihm. Ich wusste noch nicht einmal, ob einer aus seiner Familie ihm gesagt hatte, dass zwei unserer Kinder gestorben waren. Ich brauchte ihn so sehr, ich wollte, dass er mich in die Arme nahm und tröstete. Immer wieder ging ich im Geiste die entsetzlichen Ereignisse durch, und dabei fiel mir auf, dass keiner aus seiner Familie bei mir gewesen war. Sie hatten mir auch keine Hilfe angeboten und mich nie gefragt, wie ich finanziell zurechtkäme.

Ein paar Wochen nach Kulus Tod kehrte Yussufs Bruder ins Dorf zurück. Er arbeitete mit meinem Mann zusammen im Süden und brachte mir für gewöhnlich ein wenig Geld. Aber dieses Mal hatte ihm Yussuf nichts für mich mitgegeben. Als er mich besuchte, teilte er mir mit, Yussuf wisse, dass zwei unserer Kinder gestorben seien, aber er könne nicht nach Hause kommen, weil er noch nicht einmal genug Geld für sich selber habe.

Es klang alles sehr seltsam, und sein Tonfall war vorwurfsvoll – als sei ich schuld an den Ereignissen. So unglaublich es klingen mag, es sah so aus, als würden Yussuf und seine Familie mir vorwerfen, ich hätte versagt. Schließlich erfuhr ich von meiner Nachbarin die Wahrheit. Ihr Mann arbeitete ebenfalls im Süden, und sie behauptete, Yussuf habe seinem Bruder regelmäßig Geld mitgegeben, aber dieser habe es für sich selber behalten.

Ich konnte es einfach nicht glauben, und deshalb beschloss ich, Yussufs Eltern aufzusuchen und eine Erklärung zu verlangen.

Dieses Gespräch werde ich niemals vergessen. Voller Hoffnung war ich dorthin gegangen, da ich daran dachte, was Yussufs Mutter zu Beginn unserer Ehe für mich getan hatte. Ich näherte mich ihnen demütig und mit allem Respekt, den

Schwiegereltern erwarten können. Ruhig erklärte ich ihnen, ich hätte seit Monaten kein Geld mehr von Yussuf bekommen und wisse nicht mehr, wovon wir leben sollten. Sie reagierten kalt... Yussufs Mutter entgegnete: »Es ist deine Schuld, dass all das geschehen ist, und nicht die unseres Sohnes! Yussuf ist von zu Hause weg, er bringt Opfer und muss sich schon genug Sorgen machen! Du solltest dich benehmen wie eine gute, verantwortungsbewusste Frau und lernen, ohne Klagen für deine Familie zu sorgen!«

»Das habe ich auch getan, solange Yussuf Geld nach Hause geschickt hat!«, sagte ich. »Aber jetzt habe ich kein Geld mehr! Wie soll ich denn da meine Familie ernähren?«

»Yussuf hat nie aufgehört, dir Geld zu schicken«, erwiderte meine Schwiegermutter. »Ich weiß, dass es in der letzten Zeit weniger war, aber darin zeigt sich ja der Wert einer guten Frau, indem sie auch mit dem Wenigen auskommt.«

Ich teilte ihr meinen Verdacht mit. »Yussuf hat sicher eurem anderen Sohn Geld für mich mitgegeben, aber ich habe es nie bekommen! Vielleicht hat derjenige, der es mir aushändigen sollte, es für sich selber behalten.«

Meine Worte machten sie wütend. Sie schrie mich an und erklärte, wenn Yussuf nach Hause käme, würde er schon mit mir fertig werden. Bevor ich etwas erwidern konnte, schickte sie mich weg.

Verbittert und deprimiert ging ich nach Hause. Warum verstanden sie mich nicht? Es lag doch alles auf der Hand: Ich hatte seit Monaten schon keine finanzielle Unterstützung mehr außer dem Geld, das meine Eltern mir gegeben hatten... Und plötzlich ging mir ein entsetzlicher Gedanke durch den Kopf: Vielleicht hatte Yussuf nicht hinnehmen wollen, dass Zayyanu und Kulu gestorben waren, und die anderen drängten ihn, mich zu verstoßen. Ich musste meinem Mann eine Nachricht zukommen lassen und ihn bitten, nach Hause zu kommen und sich auch meine Seite der Geschichte anzuhören.

Ich redete mit den anderen Frauen, um zu erfahren, ob einer ihrer Männer bald wieder in den Süden gehen würde, und berichtete ihnen, was vor sich ging. Sie erzählten mir, dass Yussufs Familie aus verschiedenen Gründen in ernsten finanziellen Schwierigkeiten steckte, vor allem der Bruder, der mir Yussufs Geld bringen sollte. Wahrscheinlich glaubten Yussufs Eltern, sie bräuchten das Geld meines Mannes mehr als ich.

Fieberhaft überlegte ich, was ich tun sollte. Dann sprach ich mit meinen Eltern und erklärte ihnen, was ich vorhatte. Sie stimmten meinem Plan zu, und ich kehrte zu Yussufs Eltern zurück, um ihnen einen fairen Handel vorzuschlagen: Bis die Lage wieder besser würde, würde ich mich um die Familie kümmern und versuchen, ein wenig Geld zu verdienen, indem ich zu Hause Matten webte und Körbe flocht. Auf diese Weise konnte ich etwas mithelfen.

Leider hatte ich noch nicht einmal Gelegenheit, ihnen meinen Vorschlag zu unterbreiten. Meine Schwiegermutter begrüßte mich kühl und erklärte mir dann barsch, dass alles vorbei sei. »Yussuf hat genug von dir. Du hast ihn nicht glücklich gemacht, und er macht dich für den Tod von Zayyanu und Kulu verantwortlich.«

Ich war entsetzt. Ich wusste, was jetzt kommen würde. Yussufs Mutter stand auf, zeigte mit dem Finger auf mich und stieß den schicksalsträchtigen Satz hervor: »Im Namen meines Sohnes Yussuf verstoße ich dich! Ich verstoße dich! Ich verstoße dich!« Dreimal – eine unwiderrufliche Verdammung. Und die schlimmste Verurteilung für eine moslemische Frau.

Völlig außer mir verließ ich ihr Haus. Ich war erst vierundzwanzig, und in nur wenigen Monaten hatte ich zwei meiner Kinder und meinen Ehemann verloren. Ich war ganz allein.

SIEBEN

Verstoßen

Wo ich lebe, ist es für eine moslemische Frau das Schlimmste, unverheiratet zu sein. Ich war gezwungen, ins Haus meiner Eltern zurückzukehren. Sie lebten schon unter eingeschränkten Bedingungen, und meine Anwesenheit machte die Lage nicht einfacher. Es war schmerzlich und demütigend. Außerdem sehnte ich mich nach Inno und Asiya, weil sie bei Yussufs Familie geblieben waren. Ich vermisste sie schrecklich, und manchmal fragte ich mich, wie meine Welt so zusammenbrechen konnte. Yussuf war weg, Zayyanu und Kulu waren gestorben, und ich war verstoßen und von meinen beiden Töchtern getrennt worden.

Und noch eine andere Frage quälte mich. Yussuf und ich, wir hatten einander doch geliebt und vier Kinder miteinander gehabt. Empfand er denn gar nichts mehr für mich? Ich konnte es zwar nicht beweisen, aber ich war mir fast sicher, dass er mich immer noch liebte. Bestimmt hatte seine Familie ihn dazu getrieben, mich zu verstoßen.

Aber es hatte keinen Sinn, sich um die Vergangenheit zu grämen. Ich musste etwas tun, schließlich war noch nicht alles verloren. Asiya und Inno kamen mich oft besuchen, und meine Eltern hatten mich liebevoll aufgenommen. Sie teilten meine Sorgen und bemühten sich nach Kräften, mir mein Schicksal leichter zu machen. Mama war, wie immer, sehr sanft, und ihre heitere Gelassenheit gab mir Kraft. Auch die ruhige Stimme meines Vaters tat mir gut. Er sagte immer wieder, Gott werde dafür sorgen, dass ich wieder glücklich würde, und obwohl er es nie erwähnte, wusste ich, dass er für mich betete, und das half mir sehr.

Allah ließ mich drei Jahre warten, bevor er mir die Gelegenheit bot, mich wieder zu verheiraten. Eines Abends sagte mein Vater beim Essen zu mir: »Safiya, du wirst bald wieder verheiratet sein. Mohammed, einer meiner Schüler aus der Koranschule, möchte dich zur Frau haben. Ich habe seinen Antrag angenommen.« Ich freute mich. Ich kannte Mohammed und wusste, dass er schon zwei andere Frauen hatte, aber das störte mich nicht. Ich wollte nur endlich die Schande loswerden, verstoßen zu sein. Ich wollte wieder eine verheiratete Frau sein, Kinder haben und meinen Eltern nicht mehr zur Last fallen. Meine Mutter blickte mich an, und ihr beredtes Lächeln sagte mir, dass sie bereits alles wusste: Siehst du? Jetzt ist es so weit. Allah lässt diejenigen, die treu an ihn glauben, niemals im Stich!, schien sie mir sagen zu wollen.

Die Zeremonie für die zweite Hochzeit ging ohne viel Aufhebens schnell vonstatten, da wir beide erwachsen waren und schon einmal geheiratet hatten. In Mohammeds Haus lernte ich seine beiden anderen Frauen, Maraya und Fatima, kennen. Auf Wunsch seiner Familie hatte Mohammed Maraya geheiratet, als sie noch sehr jung war. Sie hatte ihm zwei Kinder geschenkt. Fünf Jahre nach ihrer Hochzeit hatte Mohammed Gefallen an Fatima gefunden. Obwohl sie bis jetzt noch keine Kinder bekommen hatte, beherrschte Fatima Mohammed in einer Weise, die Maraya und ich uns nicht erklären konnten.

Von Anfang an kam ich mit Maraya großartig aus. Sie war eine sehr sanfte Frau; wir teilten uns die Hausarbeit und wurden mit der Zeit gute Freundinnen. Wenn ich mich mit ihr unterhielt, erinnerte ich mich immer an die glücklichen Tage mit Safiya. Fatima hingegen schien nicht daran interessiert zu sein, sich mit uns anzufreunden. Sie half nie im Haus und redete nur mit uns, wenn es nicht zu umgehen war. Anscheinend zerbrach sie sich ständig den Kopf darüber, dass sie sich Mohammeds Verdienst mit uns teilen musste.

Ich war ein Neuankömmling, aber Maraya lebte seit vier Jahren mit diesem Zustand. Es war eine große Erleichterung für sie, dass ich ihr jetzt zur Seite stand, weil sie Fatimas Verhalten so besser aushalten konnte. »Als ich erfuhr, dass Mohammed zum dritten Mal heiraten wollte, betete ich zu Allah, eine verständnisvolle Frau zu schicken, die mir dabei helfen würde, Frieden in der Familie zu halten. Mein Wunsch wurde erfüllt!«, sagte sie zu mir.

Ihre Worte schmeichelten mir. Ich tat mein Bestes, um sie zu unterstützen, rief jedoch bei Fatima dadurch häufig giftige Bemerkungen hervor.

Wenn Mohammed von seiner Tätigkeit als Jäger nach Hause kam, blieb er immer nur für ein paar Tage. In dieser Zeit buhlte Fatima um seine Aufmerksamkeit. Sie war so umsichtig und eifrig bei der Hausarbeit, wie sie träge und faul war, wenn Mohammed weg war.

Sie war fest entschlossen, unserem Leben zu viert ein Ende zu setzen und Mohammeds einzige Frau zu werden. Eines Tages vertraute mir eine Schwester von Mohammed an, Fatima habe ihm befohlen, Maraya zu verstoßen. Sie beschwor mich, niemandem davon zu erzählen, aber dieses schreckliche Geheimnis konnte ich nicht für mich behalten. Bei der nächsten Gelegenheit berichtete ich Maraya alles, bat sie jedoch, mich nicht zu verraten. Ich hoffte, dass ihr das Wissen die Kraft geben würde, sich zu behaupten und herauszufinden, ob Mohammed sie wirklich verstoßen wollte. Sie reagierte sehr beherrscht, umarmte mich, und ich sah, dass ihre Augen feucht waren.

»Ich habe schon damit gerechnet, Safiya«, sagte sie. »Fatima hat von Anfang an versucht, mich loszuwerden. Es ist nicht das erste Mal, dass sie unseren Ehemann bittet, mich zu verstoßen, und ich weiß, dass er ihr früher oder später nachgeben wird. Ich bin eine erwachsene Frau, ich bin schon dreiunddreißig und nicht mehr so begehrenswert wie früher. Ich habe Mohammed zwei Kinder geschenkt und damit meine Pflicht erfüllt. Unser Ehemann ist schwach und viel zu empfänglich für weibliche Reize. Du wirst sehen, bald werde ich nicht mehr in diesem Haus sein.«

Maraya hatte Recht. Mohammed verstieß sie tatsächlich. Für mich war es ein schrecklicher Schlag, ein unsäglicher Verlust. Wieder einmal wurde mir eine treue Freundin genommen. Ich war zwar jünger als Maraya, aber ich wusste, was es bedeutete, alleine zu sein, und in ihrem Alter war es ein unerträglicher Zustand. Ich habe immer für sie gebetet, in der Hoffnung, dass sie einen neuen Ehemann fand und ein friedliches, glückliches Leben führen konnte. Meine Gedanken drehten sich ausschließlich um Marayas trauriges Schicksal, und ich konnte mir nicht vorstellen, dass ich es bald teilen würde.

Aber genauso geschah es. Ich hatte Mohammed zwei Kinder geschenkt, Garba und Aisha, und doch gelang es Fatima, ihn zu überreden, mich zu verstoßen. Dieses Mal wollte ich jedoch nicht so leicht aufgeben. Ich redete mit meinem Vater, der ein enger Freund von Mohammed war, und bat ihn, etwas zu unternehmen. Auf Fatimas Drohungen reagierte ich nicht, sondern versuchte sogar, nett zu ihr zu sein. Aber sie war zu stark und wusste genau, wie sie Mohammed beeinflussen konnte. Und schließlich verstieß Mohammed mich.

Wieder einmal war ich allein und kehrte ins Haus meiner Eltern zurück. Mit der Zeit überwand ich meinen Kummer und begann, erneut auf einen Ehemann zu hoffen. Zwei Jahre, nachdem Mohammed mich verstoßen hatte, begegnete ich Mamman.

Er war auch einer der Schüler meines Vaters. Vor kurzem hatte er begonnen, in Oyo in Süd-Nigeria zu arbeiten, und er bat mich, mit ihm in den Süden zu gehen und ihn zu heiraten. Nachdem mein Vater uns seine Erlaubnis gegeben hatte, willigte ich ein. Mir war klar, dass Mamman mir kein bequemes Leben bieten konnte. Das Leben im Süden war sehr teuer, und er verdiente nicht genug, um meine Kinder und mich zu ernähren. Wir waren bitterarm, und unser Leben wurde zur Hölle, vielleicht auch durch die unüberwindlichen finanziellen Probleme. Mamman wurde gewalttätig und behandelte mich so schlecht, dass mich schließlich sogar seine eigenen Verwandten überredeten, mich scheiden zu lassen. Ich folgte ihrem Rat und kehrte zum dritten Mal zu meinen Eltern zurück, nachdem ich erst ein Jahr mit Mamman verheiratet war.

Langsam glaubte ich, Allah habe für mich ein Leben voller Leiden und Unruhe vorgesehen. Aber kurz nachdem ich nach Tungar Tudu zurückgekehrt war, tauchte Mohammed wieder auf und schürte neue Hoffnungen bei mir. Fatima war gestorben, und er wollte mich wieder heiraten. Es war eine schwere Entscheidung, weil Mohammed so wankelmütig war. Aber vielleicht hatte die Einsamkeit ihm ja geholfen, aus seinen vergangenen Erfahrungen zu lernen. Ich war jedenfalls überzeugt, ihn glücklich machen zu können, und so zog ich wieder in sein Haus. Genau wie früher war ich oft allein, weil mein Mann häufig im Südwesten jagte.

Unsere Ehe hätte vielleicht sogar funktioniert, aber eines Tages kam Mohammed krank und mit einer neuen Frau nach Hause. Danach ging es rasch bergab: Mohammeds neue Frau war viel jünger als ich, und die ganze Aufmerksamkeit meines Mannes galt ihr allein. Ich hielt mich im Hintergrund, kümmerte mich jedoch um meinen kranken Mann und akzeptierte seine neue Frau, wie es den Regeln des Korans entsprach. Auch die ganze Hausarbeit musste ich alleine machen, weil Mohammed gesagt hatte, seine neue Frau bräuchte sich damit nicht zu belasten.

Es war demütigend, aber ich gewöhnte mich daran, zumal ich alles tun wollte, um nicht wieder verstoßen zu werden. Meine Träume zerbrachen jedoch, als Mohammeds Gleichgültigkeit sich auf einmal in Feindseligkeit verwandelte. Er redete sich ein, ich habe ihn mit einem Fluch belegt, und es sei nur meine Schuld, dass er krank war. Die Situation wurde unerträglich, und schließlich geschah das Unvorstellbare. Mohammed verstieß mich ein zweites Mal, wobei seine Stimme unsagbar erleichtert klang.

ACHT

Eine katastrophale Begegnung

Ich war vierunddreißig Jahre alt, und zahlreiche Fehler lagen hinter mir. Vier Ehen, vier Enttäuschungen. Dreimal war ich verstoßen worden – in den Augen der Welt die schlimmste Demütigung für eine islamische Frau. Viermal hatte ich versagt, und viermal war ich in das Haus meiner Eltern in Tungar Tudu zurückgekehrt. Selbst als meine zweite Ehe mit Mohammed scheiterte, nahmen sie mich liebevoll wieder auf. Sie waren älter und müder geworden, nahmen aber immer Anteil an meinem Leben und fühlten mit mir. Sie sprachen es zwar nicht aus, aber wenn mein Vater – er war sehr alt und fast blind – mich anlächelte oder meine Mutter mich streichelte, spürte ich, dass sie meinen Schmerz verstanden.

Im Dorf führte ich ein ruhiges Leben. Ich fragte mich oft, was ich aus meinen Erfahrungen lernen sollte. Die Antwort war wohl, dass der äußere Schein trügt und man nie weiß, was dahinter steckt. Männer? Nie wieder, dachte ich. Ich hatte mich schon an den Gedanken gewöhnt, niemals mehr zu heiraten. Ich würde mich um meine Kinder kümmern – diejenigen, die noch bei mir lebten – und um meine Eltern. Sie waren meine Familie, sonst niemand. Ich beschloss, einem Mann nur dann Raum in meinem Leben einzuräumen, wenn ich ihn vorher selbst in Augenschein nehmen konnte. Ich war eine erwachsene, misstrauische Frau, und meine Lage erfüllte mich mit Bitterkeit, aber ich hatte am eigenen Leib erfahren, dass es einen teuer zu stehen kommen kann, wenn man heiratet, nur um nicht alleine zu sein. Besser ohne Ehemann als mit der falschen Person verheiratet zu sein, sagte ich mir. Besser, mitleidig, verächtlich oder böse angeschaut zu werden, als Tag und Nacht wegen einer dummen Entscheidung zu weinen.

Diese Gedanken halfen mir, wieder ein gewisses Gleichgewicht zu erlangen. Tief im Innern hatte ich eine persönliche Würde entwickelt, zu der ich mich als Frau nie für fähig gehalten hatte. Mir war es egal, was andere von mir dachten. Ich war eine Frau, mit der das Leben rau umgesprungen war, eine Frau, die denken und ihre eigenen Entscheidungen treffen konnte, eine gerechte, liebevolle Mutter, die ihren Kindern beibrachte, aufrechte Menschen zu werden und unsere Religion zu respektieren. Ich hatte mich weder gegen Allah noch gegen die Menschen versündigt, und die Kritik und der Klatsch in der kleinen Dorfgemeinschaft berührten mich nicht.

Und dann trat ein Mann in mein Leben und zerstörte es.

Wie jede erwachsene Frau stand ich nicht ständig unter der Aufsicht meiner Eltern. Ich konnte mich in Tungar Tudu und auch in den Nachbardörfern frei bewegen. Eines Tages lernte ich Yakubu kennen, einen entfernten Vetter väterlicherseits. Ich war ihm schon vorher begegnet, aber eines Tages stellte ich fest, dass wir uns in der letzten Zeit ziemlich häufig über den Weg liefen – praktisch jedes Mal, wenn ich das Dorf verließ, um eine Besorgung zu machen. Und bei jedem Treffen wurde er immer herzlicher und fürsorglicher. Mir wurde klar, dass es sich nicht um zufällige Begegnungen handelte. Yakubu machte mir den Hof!

Aber wollte ich wirklich eine Beziehung mit ihm eingehen?

Absolut nicht. Ich wusste, dass er bereits verheiratet war, aber das war kein Problem für mich, und es hatte auch nichts mit meiner allgemeinen Einstellung Männern gegenüber zu tun. Mir gefiel einfach sein Verhalten nicht: Wenn Yakubu wirklich daran interessiert war, eine richtige Beziehung mit mir zu beginnen, warum machte er mir dann so verstohlen den Hof statt mit meinem Vater zu sprechen? Ich nahm mir vor, das nächste Mal, wenn ich ihn sah, sehr kühl zu reagieren, und mich so lange so zu verhalten, bis er aufgab.

Ein paar Tage später traf ich Yakubu wieder, als ich meinen Onkel in Jinjina besuchte. Er kam lächelnd auf mich zu, ich jedoch erwiderte sein Lächeln nicht, sondern ging mit einem kurzen Gruß weiter. Aber Yakubu rief hinter mir her, und als ich mich umdrehte, kam er zu mir. »Keine Angst, ich tue dir nichts. Ich will dir nur rasch etwas erzählen. Ich habe gehört, wie deine letzte Ehe zu Ende gegangen ist. Und ich möchte dir schrecklich gerne helfen, mehr nicht.«

»Danke, das ist sehr nett von dir«, erwiderte ich mit einem flüchtigen Lächeln. »Aber mir geht es gut. Ich bin darüber hinweg, und eigentlich recht glücklich mit meinem Leben.« Ich ging weiter, aber Yakubu ließ nicht locker. Ein paar Tage später traf ich ihn wieder, und dieses Mal fragte er mich über meine Familie aus. Er wollte wissen, wie es meiner Mutter ging und was die Augen meines Vaters machten. Wir plauderten eine Weile, und dann reichte er mir zu meiner Überraschung ein Tuch mit Blumenmuster. »Das ist für dich, Safiya. Bitte, nimm es an. Ich habe es auf einem Markt in der Nähe gesehen und da es so günstig war, musste ich es unbedingt kaufen. Ich möchte es dir gerne schenken. Ich erwarte keine Gegenleistung von dir, ich möchte dir nur ein Geschenk machen.« Da ich nicht seinen Unmut erregen wollte, nahm ich das Geschenk an und ging weiter.

Jedes Mal, wenn ich aus Tungar Tudu herausging, lief mir Yakubu über den Weg. Als wir uns das nächste Mal trafen, fragte er mich wieder, ob die Krankheit, die die Augen meines Vaters trübte, sich gebessert habe. »Ich kenne einen Heiler in Sokoto, der eine wirksame Medizin für genau diese Krankheit verkauft. Ich habe sie bei ihm gekauft, weil ich mir gedacht habe, dass niemand aus deiner Familie in der nächsten Zeit Gelegenheit hat, nach Sokoto zu kommen. Hier, nimm sie.«

»Danke, Yakubu«, antwortete ich. »Das ist sehr nett von dir, aber ich will sie nicht. Du hast sie für meinen Vater gekauft und solltest sie ihm selber geben. Komm uns besuchen – er wird sich freuen und dir das Geld zurückgeben.« Auf diese Weise, dachte ich, könnte er mit meinem Vater über das sprechen, was er von mir wollte. Ja, das war doch der richtige Weg.

Aber Yakubu wandte ein: »Nein, Safiya. Die Medizin ist zwar für deinen Vater, aber als ich sie kaufte, habe ich an dich gedacht, weil ich weiß, wie sehr du ihn liebst. Du solltest sie mitnehmen.« Einen Moment lang herrschte Schweigen. Ich wurde nervös, weil ich nicht wusste, wie ich ihn loswerden sollte, und er blieb einfach stehen, starrte mich an und machte mich verlegen.

Schließlich sagte er: »Ich liebe dich, Safiya. Ich möchte mit dir schlafen. Ich muss immer an dich denken und sehe dich immer vor mir.«

Was für ein Schlag ins Gesicht! Einen Augenblick lang stand ich bewegungslos da und wusste nicht, was ich sagen sollte. Aber schließlich siegte meine Einstellung zu Männern. Nein, ich hatte zu viel gelitten, ich glaubte nicht mehr an Liebe und nicht mehr an die Männer. Mit großer Anstrengung wies ich ihn zurück. »Nein, Yakubu. Lass mich in Ruhe und komm nicht wieder zu mir. Ich bin an diesen Dingen nicht mehr interessiert.«

Ich ließ ihn einfach stehen. Als ich wieder in Tungar Tudu war, hoffte ich, ihm nie wieder zu begegnen. Aber seine Worte gingen mir den ganzen Tag über nicht mehr aus dem Kopf. Ich führte ein angenehmes Leben und hatte keinen Grund, es aufs Spiel zu setzen, nur um wieder verheiratet zu sein. Außerdem war ich nicht bereit, mich noch einmal der Gefahr auszusetzen, verstoßen zu werden. Das würde ich nicht überleben.

Als ich zu Hause ankam, merkte meine Mutter sofort, dass meine Gedanken in Aufruhr waren.

»Was ist los, Safiya?«, fragte sie und winkte mich zu sich. »Du siehst unglücklich aus.«

Ich konnte nichts vor ihr geheim halten. Verzweifelt warf ich mich in ihre Arme und erzählte ihr alles.

»Ich habe Angst davor, noch einmal zu heiraten! O Mama, was soll ich nur tun?«

Sie nickte verständnisvoll. »Es wird schon alles gut, Safiya. Wir sprechen heute Abend mit deinem Vater darüber. Vielleicht ist ja Yakubus Antrag ein Zeichen für Allahs Güte. Er will, dass du eine Zukunft hast und ein gesichertes Leben als verheiratete Frau führst. Und warum solltest du Yakubu abweisen, wenn du noch nicht einmal genau weißt, was er eigentlich von dir will?«

Während des Abendessens besprach ich die Angelegenheit mit meinem Vater. Wie Mama wägte er die Möglichkeiten ab. »Wir sollten niemals die Chancen zurückweisen, die uns Allah eröffnet«, erklärte er. »Wenn du Yakubu das nächste Mal triffst, sag ihm, er soll herkommen und mit mir sprechen.«

An diesem Abend ging ich angstvoll und verwirrt zu Bett.

Jetzt soll ich schon wieder verheiratet werden. Warum empfinde ich nur solchen Widerwillen? Yakubu ist nett, großzügig und freundlich, und doch habe ich ein schlechtes Gefühl bei ihm. Ich mag ihn nicht. Ich kann ihn einfach nicht leiden … Hoffentlich begegne ich ihm nie wieder.

Aber ich traf ihn natürlich doch. Schon am nächsten Morgen wartete er auf mich. Als er mich sah, kam er ohne zu zögern auf mich zu. Das Herz schlug mir bis zum Hals. Am liebsten wäre ich weggelaufen, aber das konnte ich nicht. Also reagierte ich streng.

»Hör zu, Yakubu«, sagte ich direkt. »Mein Vater möchte mit dir sprechen. Auf Wiedersehen.« Und damit ging ich, ohne ihn auch nur anzusehen.

Yakubu lief mir nach. »Warte, Safiya. Ja, gut, ich werde mit deinem Vater sprechen. Du hast ja völlig Recht. Aber zuerst will ich mit dir sprechen. Sieh her.« Er hielt mir ein paar Kola-Nüsse hin. »Hier, nimm sie. Sie sind für dich und deine Familie.«

Kola-Nüsse haben für uns eine tiefe Bedeutung. Sie werden am Ende der Hochzeitszeremonie herumgereicht und sind ein beliebtes Geschenk für ein Mädchen, dem man den Hof macht. Yakubus Geste war sehr deutlich.

Heute weiß ich, dass es ein Fehler war, aber um ihn loszuwerden, nahm ich sein Geschenk an, zumal mir kein Vorwand einfiel, unter dem ich es hätte ablehnen können. »Danke, Yakubu, auch im Namen meiner Familie.«

»Es ist mir ein Vergnügen«, erwiderte er. In dem sicheren Gefühl, das erreicht zu haben, was er wollte, lächelte er mich an. »Ich wohne ganz in der Nähe, Safiya. Und ich wohne allein. Ich würde mich freuen, wenn du mich besuchen kämst. Du kannst jederzeit vorbeikommen, auch heute, wenn du deine Besorgungen erledigt hast.«

Das war ein ungehöriger Vorschlag, und ich gab ihm die Antwort, die er verdiente: »Ich werde dich nicht besuchen kommen, Yakubu. Du bist derjenige, der zu uns kommen und mit meinem Vater sprechen muss.« Und wieder einmal ließ ich ihn stehen.

Während des Abendessens erzählte ich meinen Eltern von der Begegnung mit Yakubu, erwähnte jedoch absichtlich nichts von seinem Vorschlag, dass ich ihn besuchen sollte. Mein Vater schien erfreut, als ich ihm sagte, dass Yakubu zu ihm käme und mit ihm sprechen wolle.

Ich schlief schlecht in dieser Nacht, ich war so nervös... Ständig dachte ich an Yakubu, seine Worte, seine Einladung...

Er will, dass ich zu ihm komme... er liebt mich, er will mit mir schlafen, er denkt ständig an mich... was soll ich nur tun? Und was ist mit seinen Geschenken? Das Tuch, die Medizin und jetzt die Nüsse... Besonders der Gedanke an die Kola-Nüsse beschäftigte mich, und unwillkürlich drückte ich sie an mich. Ich legte sie neben die Matte, aber in der Nacht wachte ich häufig auf und betrachtete sie. Und jedes Mal gingen mir die gleichen beunruhigenden Gedanken durch den Kopf: Yakubu liebt mich... er will, dass ich zu ihm komme... vielleicht haben meine Eltern ja Recht, und es ist Allahs Wille... Wenn ich die Augen schloss, sah ich Yakubus lächelndes Gesicht vor mir und hörte seine Stimme. Und die Stimme meines Vaters, die sogar noch überzeugender klang als in Wirklichkeit: »Wir sollten die Chancen, die Allah uns gibt, nie zurückweisen.«

Am nächsten Morgen spürte ich, dass sich in mir etwas geändert hatte. Ich war früh aufgewacht, und während ich die Hausarbeit verrichtete, stellte ich zu meiner großen Überraschung plötzlich fest, dass ich Yakubu sehen wollte. Aber wie sollte ich das anstellen? Ach ja, natürlich, der Schreiner! Wir schuldeten ihm immer noch Geld für einige Arbeiten, die er für uns gemacht hatte, aber da er in Yakubus Dorf wohnte, hatte ich es bisher immer aufgeschoben, ihn zu bezahlen. Und jetzt war er auf einmal der perfekte Grund für mich, zu Yakubu zu gehen. Ich überlegte nicht einmal mehr, sondern sagte meiner Mutter, ich ginge jetzt den Schreiner bezahlen. Und weg war ich.

Auf dem Weg zu Yakubus Dorf jedoch wurde mir klar, dass ich nicht direkt zu seinem Haus gehen konnte. Ich war eine Frau, und es stand mir nicht zu, so geradeheraus zu handeln. Vielleicht konnte ich ja erst zu dem Schreiner gehen und dann so tun, als ob ... Aber da kam Yakubu auch schon auf mich zu und grüßte mich lächelnd. Ich blieb stehen und teilte ihm mit einiger Überwindung mit, dass mein Vater ihn erwarte.

Verbissen blieb ich stehen ... aber plötzlich begann mich etwas, das stärker war als ich, auf Yakubus Haus zuzuziehen. Ich konnte es kaum fassen. Yakubu nickte mir einladend zu.

Zuerst allerdings ging ich zum Schreiner und bezahlte ihn. Und dann, auf dem Rückweg ...

Yakubu will mich, er liebt mich, er will mit mir schlafen, er wartet auf mich ... Dort war sein Haus, und unter der glühenden Sonne wirkte es größer und schöner als all die anderen Häuser. Es war das einzige Haus, in dem ich Trost finden konnte ... meine Füße bewegten sich wie von selber darauf zu ... Ich trat über die Schwelle. Er wartete auf mich und zog mich hinein ... Und dann gehörte ich ihm.

Ohne über die möglichen Konsequenzen nachzudenken gab ich mich ihm hin. Als ich in seinen Armen lag, spürte ich, dass ich ihn gern hatte, dass ich etwas für ihn empfand – für den Mann, der noch vor ein paar Stunden eine Bedrohung für mich gewesen war. Aber plötzlich hatte sich alles geändert.

Als es Zeit war, wieder nach Tungar Tudu zurückzukehren, kam es mir ganz unnatürlich vor, ihn zu verlassen. Ich wusste, dass seine Frau bald nach Hause kommen würde, ich wusste, dass er nicht allein war, ich wusste alles … Aber ich war auch überzeugt, dass in seinem Haus noch Platz für mich war.

Zu Hause war aus meiner Zuneigung für ihn bereits Liebe geworden. Yakubus Körper, sein Lächeln und seine Stimme hatten mich den ganzen Weg über begleitet.

Meinen Eltern sagte ich nichts, weil mir klar war, dass ich einen unehrenhaften Akt begangen hatte, der erst akzeptabel sein würde, wenn Yakubu mit meinem Vater gesprochen hatte.

Auch meiner Mutter gegenüber öffnete ich mich nicht, aber in den nächsten Wochen ging ich noch dreimal zu Yakubus Haus. Jedes Mal war ich entschlossen, ihn jetzt zu zwingen, meinen Vater aufzusuchen, aber wenn ich in seinen Armen lag, zählte nichts anderes mehr … und ich glaubte ihm, wenn er mir hinterher versprach, in mein Dorf zu kommen. Nur, wann wollte er kommen? *Bald, sehr bald, aber nicht morgen, weil …* Seine Ausreden verwirrten und demütigten mich, aber kaum hatte ich ihn verlassen, wünschte ich mir schon wieder, bei ihm zu sein. Und abends, zu Hause, galten all meine Gedanken nur ihm …

Ich war verliebt, wahnsinnig verliebt, und konnte nicht abwarten, bis er um meine Hand anhielt. Ich konnte die Einsamkeit, die ich so lange ertragen hatte, nicht mehr aushalten. Ich wollte es genießen, Frau und Mutter zu sein. Die Zukunft lag strahlend vor mir.

Es ist zum dritten Mal Vollmond, seit Yakubu und ich …

Dort stand er, hoch am Himmel. Ein silbernes Siegel meiner Niederlage. Weinend blickte ich zu ihm auf. Ich konnte es nicht glauben … drei Monate waren vergangen, und Yakubu hatte sein Versprechen immer noch nicht gehalten. Nicht ein einziges Mal war er nach Tungar Tudu gekommen. Und ich war so oft in seinem Dorf gewesen …

Jetzt gab es keine Entschuldigung mehr. Meine Liebe und Begeisterung schwanden. Wieder einmal war ich getäuscht worden. Wieder einmal hatte mich ein Mann verraten.

Und jetzt? Mein Körper gab mir die Antwort – wie vor vielen Jahren, als ich noch ein Kind war und mich Yussuf nicht hingeben wollte. Der dritte Vollmond – meine Periode war ausgeblieben. Ich war schwanger. Ich hatte so angstvoll darauf gewartet, dass Yakubu endlich zu meinem Vater kam, dass ich alle Symptome übersehen hatte: die Müdigkeit, die Übelkeit, die Schwindelanfälle …

Als ich mit Sicherheit wusste, dass ich wieder schwanger war, kehrten meine Kraft und mein Selbstvertrauen zurück. Jetzt würde sich Yakubu beeilen müssen. Noch bevor das Kind geboren war, würde er mit meinem Vater sprechen, wir würden unsere Hochzeit organisieren, und ich würde in sein Haus ziehen.

Ich strahlte wie ein junges Mädchen, das sein erstes Kind erwartet. An jenem Abend erzählte ich es meinen Eltern. Meine Mutter nahm mich in die Arme, aber mein Vater versetzte meiner Begeisterung einen Dämpfer. »Du erwartest zwar ein Baby von Yakubu, Safiya, aber bis jetzt hat er noch nicht mit mir gesprochen.«

»Er wird schon kommen, Vater, da bin ich mir sicher. Ich werde es ihm sagen, und dann kommt er zu dir.«

Mein Vater war nicht überzeugt. Er blickte mich streng an – so streng hatte ich ihn noch nie gesehen. »Du hast einen schweren Fehler gemacht, Safiya. Du hast dich unehrenhaft verhalten und dich einem Mann hingegeben, bevor er um deine Hand angehalten hat.«

Wie üblich sagte mein Vater wenig, aber seine Worte waren sorgfältig gewählt. Stirnrunzelnd zog er sich zu seinem letzten Gebet des Tages zurück, und dann ging er schlafen.

Er hat Recht, sagte ich mir die ganze Nacht. Wie hatte ich nur so etwas tun können? Was würde jetzt geschehen? Wenn Yakubu sich bereit erklärte, mich zu heiraten, war alles in Ordnung. Wenn jedoch nicht... was würde dann aus mir und meinem ungeborenen Kind werden? Ich musste an das Baby denken, es war ein Zeichen der Liebe. Ich beschloss, am nächsten Morgen zu Yakubu zu gehen und ihm zu sagen, dass er Vater wurde. Beruhigt schlief ich ein.

Er hat mich gesehen, er lächelt, mit den Augen weist er schon auf sein Haus... er begehrt mich noch, er liebt mich... bestimmt wird er glücklich sein, wenn ich ihm von unserem Baby erzähle...

Ich erwiderte sein Lächeln und sagte: »Yakubu, ich muss etwas Wichtiges mit dir besprechen.«

Ob er es mir wohl angesehen hat? Weiß er bereits, was ich ihm sagen will? Warum lächelt er auf einmal nicht mehr? Vielleicht liegt es ja auch an mir... Oh, ich bin so nervös... Na los, Safiya, sag es ihm, dachte ich.

»Ich erwarte ein Baby! Unser Baby, Yakubu!«, verkündete ich enthusiastisch. Ich streckte die Arme aus, weil ich wollte, dass er mich umarmte, aber er stand nur mit offenem Mund da und starrte mich an. Nach langem Schweigen stammelte er: »Bist du sicher? Woher weißt du es so genau?«

Ja, es war alles in Ordnung, er war nur überrascht. »Es gibt Dinge, die eine Frau weiß, und ich sage es dir, weil ich mir sicher bin. Ich bin schwanger.« Ich lächelte zaghaft. Jetzt würde er mich umarmen und Pläne für unsere Hochzeit machen.

»Dann haben wir ein Problem.«

»Wie bitte, Yakubu?«

»Wir haben ein Problem!«, zischte er wütend.

Mir blieb fast das Herz stehen. »Nein, Yakubu. Es gibt kein Problem! Ich bin so glücklich... Ich erwarte ein Baby, stell dir das vor! Unser Baby... Es ist ein Geschenk Allahs, die Besiegelung unserer Liebe... Ich werde eine treue, liebende Frau sein und eine fürsorgliche Mutter. Du wirst zufrieden mit mir sein, wirklich... Du musst jetzt nur endlich mit meinem Vater sprechen. Er wartet auf dich! Wegen der Mitgift brauchst du dir keine Gedanken zu machen. Meine Familie verlangt nicht viel.«

Yakubu stand immer noch wie erstarrt da. Schließlich antwortete er, ohne mich anzublicken: »Na gut. Ich tue es. Ich rede mit deinem Vater.«

Erwartungsvoll blickte ich ihn an und hoffte auf ein Lächeln, eine beruhigende Geste. Nichts. Yakubu schickte mich weg, ohne sich zu verabschieden. »Geh jetzt. Geh nach Hause. Ich komme bald.«

Ohne ein weiteres Wort ließ er mich stehen.

Die Tage vergingen, aber Yakubu tauchte nicht auf, um mit meinem Vater zu sprechen. Ich beschloss, einen letzten Versuch zu unternehmen, und ging noch einmal in das Dorf, in dem er lebte. Zwar schien er sich nicht besonders zu freuen, mich zu sehen, aber er kam immerhin auf mich zu. Ich hatte den Eindruck, er wolle mir etwas sagen. Und was sonst sollte er mir sagen wollen, als dass er mich heiraten wolle?

Aber er brachte nur heraus: »Du musst das Baby loswerden. Mach eine Abtreibung.«

Ich fiel fast in Ohnmacht. Das konnte doch nicht wahr sein... »Was um alles in der Welt redest du da, Yakubu?«

Von ihren sieben Kindern leben nur noch Adama und Aisha bei Safiya. Zwei sind gestorben, die anderen drei wurden ihren früheren Ehemännern zugesprochen.

Mit der kleinen Adama. Sie war der Grund, dass Safiya gesteinigt werden sollte.

Links: Safiya vor dem Brunnen ihres Dorfs Tungar Tudu im Bundesstaat Sokoto, der sich im Norden der Sahelzone befindet.

Den Mädchen ist es freigestellt, ob sie ein Kopftuch tragen. Ihre Kleider sind farbenfroh gemustert.

Rechts:
Eine traditonelle Korantafel. Mit ihr lernen die Kinder lesen und schreiben, indem sie die Koranverse abschreiben. Bücher und Schulhefte sind für sie unerschwinglich.

Die typischen Lehmhäuser von Tungar Tudu fügen sich harmonisch in die Landschaft ein, in der das Ockergelb der Savanne vorherrrscht.

Eine Schar Dorfkinder: Wie in anderen afrikanischen Dörfern stellen Kinder unter fünfzehn Jahren den größten Bevölkerungsanteil.

Der Dorfbrunnen von Tungar Tudu.

Safiyas Vater Mallam Hussaini Tungar Tudu. Bevor er erblindete, war er der Barbier des Dorfes; daneben oblag ihm auch die Beschneidung der Jungen. Noch immer unterrichtet er in der Koranschule von Tungar Tudu.

Eine Rinderherde in Tungar Tudu: Die Viehzucht ist eine der wichtigsten Einnahmequellen der Region.

Ein Hirte mit einer Kamelherde in der Nähe des Dorfs.

Die Scharia, das islamische Recht, wurde in den meisten der nördlichen Bundesländer Nigerias 1999 eingeführt.

Das islamische Gerichtsgebäude von Sokoto, in dem das Urteil zur Steinigung gefällt wurde.

In Sokoto, wie fast überall in Westafrika, ist der Peugeot 504 das beliebteste Auto. Bis auf Schwarz, das den Regierungsmitgliedern vorbehalten ist, und Rot oder Bordeaux, die als Unglücksfarben gelten, sieht man alle Fraben.

Die bunten Matten zählen zu den wichtigsten Erzeugnissen von Sokoto.

Wo Safiya lebt, sind Fahrräder und Mopeds weit verbreitet.

Safiya, in der Hand eine Gebetskette.

Safiya und Adama.

Links: Mit Adama im Alter von zweieinhalb Jahren.

Die Savanne mit den typschen Affenbrotbäumen, Akazien und Dornbüschen: Hier hat Safiya Zuflucht gesucht, nachdem sie erfuhr, dass sie zum Tod durch Steinigung verurteilt worden war.

»Denk darüber nach, Safiya. Es ist der einzige Ausweg. Danach können wir uns wieder treffen, und alles wird so sein wie zuvor.«

Wie zuvor? Nach einer Abtreibung? Nachdem mein Leben für immer ruiniert war? Nach der Schande und der Missbilligung meines Vaters? War dies wirklich der Mann, in den ich mich verliebt hatte? Ein gemeiner, verabscheuungswürdiger, herzloser, gnadenloser Kerl? Plötzlich hatte ich das Gefühl, ein Sandsturm sei über mich hinweggefegt. Meine Liebe verwandelte sich in Hass, und ich hätte ihm am liebsten die Seele aus dem Leib geprügelt.

Wie von ferne hörte ich seine Stimme. »Ich habe die Angelegenheit mit meinem Bruder besprochen. Du weißt ja, dass er in Sokoto arbeitet, und er hat großen Einfluss in den Dörfern hier in der Gegend. Er meint, ich kann mir keine zweite Frau leisten, Safiya. Versuch, mich zu verstehen. Es ist der einzige Ausweg.«

Yakubu und sein Bruder meinten, ich solle zu einem *mai magani* gehen und mir von ihm eine Medizin geben lassen, damit eine der alten Frauen hier das Kind abtreiben konnte. Es ist gefährlich, weil sie nicht wirklich etwas davon verstehen, sondern eher das Leben der Mutter aufs Spiel setzen. Und ich sollte es im Geheimen tun, damit niemand erfuhr, dass ich schwanger war. Oder vielleicht stellte Yakubu sich ja auch vor, dass er mir mit dem Geld seines Bruders eine Abtreibung bei einem Arzt in Sokoto bezahlen konnte.

Der Mann, den ich geliebt hatte, schlug mir eine Abtreibung vor. Er wollte unser Kind töten und mein Leben in Gefahr bringen... Ich konnte es einfach nicht fassen. Der Gedanke, ein Lebewesen, das ich in mir trug, umzubringen, war mir noch nie gekommen. Es war ungeheuerlich.

»Ich habe noch nie abgetrieben, Yakubu. Und ich werde es

auch jetzt nicht tun!«, schrie ich und rannte weg. Tränen strömten mir über die Wangen, aber ich achtete nicht darauf. Außer mir vor Entsetzen lief ich nach Hause und suchte Zuflucht in meiner Ecke des Hofes, wo ich meiner Wut und meiner Verzweiflung freien Lauf ließ. Er hatte mich im Stich gelassen, und ich glaubte, noch nie mehr gelitten zu haben. Ich irrte mich jedoch. Ich war eine Moslemin, und ich musste die Rechnung bezahlen. Das sollte ich bald schon erfahren, auf die schwerste und demütigendste Art und Weise.

NEUN

Angeklagt

Ein paar Wochen, nachdem ich das letzte Mal mit Yakubu gesprochen hatte, erschienen zwei Polizisten. Neugierige Kinder aus dem Dorf begleiteten sie. Mein Vater ließ sie herein und sprach mit ihnen, dann kam er zu mir. »Safiya, sie möchten mit dir reden. Sie müssen dir ein paar Fragen zu dem Baby, das du erwartest, und zum Datum deiner letzten Scheidung stellen.« Er blickte mich traurig an. »Wir haben sie bereits erwartet, *Inschallah* ...«, fügte er hinzu.

Ja, wir hatten sie erwartet. Mein Vater hatte mich gewarnt: Meine außereheliche Affäre mit Yakubu war für die Scharia, das islamische Gesetz, das in unserer Region in Kraft war, strafbar. Es bestand das Risiko, dass der Islamische Gerichtshof in Sokoto von meiner Schwangerschaft erfuhr. Mein Vater hatte mir erklärt, dass ich Gefahr lief, vor Gericht gestellt zu werden. Allerdings musste mich dann jemand anzeigen, oder ich hätte auf frischer Tat ertappt werden müssen.

Ich war auf das Schlimmste vorbereitet, hoffte jedoch, dass alles gut gehen würde. In meinem Land jedoch dürfen die Frauen nicht hoffen, und jetzt war die Polizei gekommen. Wem verdankte ich ihren Besuch? Ich konnte es mir nicht vorstellen, aber es spielte im Moment auch keine Rolle. Von Bedeutung war nur, dass diese beiden Männer in unserem Haus waren. Voller Angst ging ich zu ihnen, um mit ihnen zu sprechen. Wie tief ich gedemütigt werden sollte, wusste ich zu diesem Zeitpunkt noch nicht.

Die Polizisten kamen direkt zur Sache und überschütteten mich vor meinem Vater mit einer nicht enden wollenden Flut von Fragen, um so genau wie möglich herauszufinden, wann ich Sex mit Yakubu gehabt hatte. Wann und um wie viel Uhr? Wo hatten wir uns getroffen? Auch über den Geschlechtsverkehr wollten sie jedes einzelne Detail wissen. Wie? Wo? In welcher Weise? Wer hat angefangen? War ich willig? Hatte es mir gefallen? Und was war mit Yakubu?

Jede einzelne Frage war eine Qual, ein schmerzender Peitschenhieb. Zwei Stunden lang verhörten mich die Polizisten, ohne Rücksicht auf meine Verlegenheit oder meinen Anstand. Entsetzt und erschöpft gab ich alles zu und schilderte den Polizisten jede Einzelheit. Was hätte ich sonst auch tun sollen, schließlich sah man mir meine Schwangerschaft schon an.

Der Rest des Tages war entsetzlich. Niemand zu Hause machte mir einen Vorwurf, aber die Angelegenheit lastete schwer auf uns allen. Mir kamen die Tränen bei dem Gedanken, wie viel Kraft es meinen Vater gekostet hatte, bei meinem Verhör dabei zu sein, und ich fühlte mich schuldig, dass ich ihm eine solche Schande aufgebürdet hatte. Tränenüberströmt ging ich an jenem Abend zu Bett. Ich durchlebte jeden Moment der Folter, der ich unterzogen worden war, noch einmal und wünschte Yakubu dasselbe Schicksal. Was würde er ihnen erzählen? Würde er gestehen? In diesem Fall würde die Polizei ihn zwingen, mich zu heiraten. Aber was sollte ich dann tun? War ich bereit, mit einem Mann zu leben, der mich nur zur Frau nahm, weil das Gesetz ihn dazu zwang?

Es gab noch eine andere Möglichkeit – und sie war viel schlimmer als eine erzwungene Ehe. Yakubu konnte alles leugnen und behaupten, er habe nie Sex mit mir gehabt. Natürlich, ich hatte einen dicken Bauch – aber schließlich stand nicht Yakubus Name darauf. Er musste mich nur eine Lügnerin nennen und würde davonkommen.

Die Frage quälte mich und hielt mich die ganze Nacht lang wach. Ich spürte, wie ich immer verzweifelter wurde. Genauso wie damals bei dem Tod von Zayyanu und Kulu hatte ich das Gefühl, keinen weiteren Schicksalsschlag mehr ertragen zu können.

Trotz meiner Qualen hatte ich jedoch ein reines Gewissen. Allah kannte die Umstände, unter denen ich mich Yakubu hingegeben hatte. Ich hatte gehofft, dass er mich heiratete. Ich hatte es mir so sehr gewünscht und daran geglaubt. Yakubu hatte es schließlich versprochen, und ich war ihm in die Falle gegangen. Wie hatte das nur passieren können? Auf einmal fielen mir die Kola-Nüsse ein. Aus meinem Widerwillen gegen Yakubu war Liebe geworden, nachdem ich die Kola-Nüsse angenommen hatte. Ja, natürlich, ein Liebeszauber hatte auf ihnen gelegen.

Auf einmal war mir alles klar. Es war in der Nacht passiert, nachdem er mir die Nüsse gegeben hatte. Ich hatte sie in meiner Kleidung gefunden, als ich mich zum Schlafengehen auszog, und sie neben meine Matte gelegt. So hatte der Zauber Zeit gehabt zu wirken. Und in jener Nacht hatte sich etwas in mir verändert: In meinen Träumen hatte ich ihm nachgegeben und war bereit gewesen, ihn zu lieben. Mir fiel ein, wie ich mich am nächsten Morgen gefühlt hatte. Ich hatte ein verzweifeltes Verlangen empfunden, ihn zu sehen und mit ihm zu schlafen. Unter einem Vorwand war ich in sein Dorf gegangen, und dann hatten wir zum ersten Mal Geschlechtsverkehr. Es gab keinen Zweifel. Mir war jetzt alles klar, aber wie sollte ich es beweisen? Würden die Polizisten mir glauben, wenn ich es ihnen erzählte? Ich beschloss, die Angelegenheit am nächsten Morgen mit meinem Vater zu besprechen. Er würde es verstehen. Er und Allah.

Ein paar Tage später erfuhr ich, dass die Polizisten auch Yakubu verhört hatten. Er hatte zugegeben, dreimal mit mir geschlafen zu haben, aber ich wusste genau, dass es viermal gewesen war. Obwohl dies kein wichtiges Detail war, irritierte es mich doch. Warum erinnerte er sich nicht daran? Hatte es ihm so wenig bedeutet? Aber die Wahrheit war, dass er mich missbraucht, dass er meinen Körper benutzt hatte. Ich kochte vor Wut. Und ich begriff, was hinter seinem Geständnis steckte: Er würde sich um mich kümmern, solange ich schwanger war, er würde mich heiraten und das Kind, das ich trug anerkennen, und sobald ihm danach war, würde er mich verstoßen. Ich hasste ihn. Ich musste einen Weg finden, um dieser Scheinehe zu entgehen. Als ich jedoch mit meinem Vater darüber sprach, nahm er mir gleich meine Illusionen.

»Du hast keine Wahl, Safiya. Wenn Yakubu dich nicht heiratet, wirst du am Ende noch wegen Ehebruchs angeklagt. Die Scharia bestraft solche Vergehen schwer. Yakubus Verhalten ist äußerst verwerflich, doch er kann dich zumindest heiraten. Das ist er dir schuldig.«

Ich fühlte mich in der Falle – alles war gegen mich. Aus Wut und Verzweiflung brach ich vor meinem Vater in Tränen aus – was ich, seit ich erwachsen war, immer vermieden hatte. Er ergriff meine Hand – seine Art, mir seine Solidarität zu zeigen –, und ich fühlte neuen Mut. Allah wollte, dass ich litt, er wollte mich prüfen, aber zugleich schenkte er mir die einzigartige Unterstützung meiner Eltern.

Ein paar Tage später musste ich vor dem Gericht erscheinen, das den Fall für die Verhandlung vorbereitete. Ich war bereit, dorthin zu gehen, aber als ich hörte, dass auch Yakubu dort sein würde, wurde ich unsicher. Ich wollte ihn nicht sehen, ich hatte Angst, wütend zu werden und auf eine Weise zu reagieren, die meine kritische Situation verschlechterte. Tagelang ging ich im Geiste die Fragen durch, die die Polizisten mir gestellt hatten, und ich fragte mich, ob ich die gleichen Antworten geben oder sie verändern sollte. Ich versuchte sogar, mir vorzustellen, was sie mich sonst noch fragen könnten, weil ich auf alles vorbereitet sein wollte.

Als die Zeit kam, war ich jedoch so nervös, dass ich beschloss zu schweigen. Vielleicht wollte Allah ja, dass ich stumm litt, während ich wieder einmal gedemütigt wurde. Mein Bauch war so groß und unförmig geworden, dass Yakubu ihn nicht ignorieren konnte.

Sieh dir meinen Bauch an, du widerlicher Kerl!, dachte ich. Sieh ihn dir an. Er ist das Ergebnis von dem, was ich für deine Liebe gehalten habe. Es ist dein Kind! Du wolltest, dass ich es abtreibe, du wolltest, dass ich es umbringe, aber ich liebe es, ich will, dass es zur Welt kommt, dass es lebt, dass es die Sonne und das Lächeln seiner Mutter sieht. Ich will dieses Baby, das du so schnell wie möglich loswerden wolltest, um dein sorgloses Leben weiterführen und mit mir schlafen zu können, als sei ich eine Hure … Ihr alle, seht euch dieses Kind an, das ich in mir trage! Ich schäme mich nicht! Ich bin stolz und voller Liebe. Dieses Kind ist Allahs Wille …

Diese Worte gingen mir durch den Kopf, aber ich schwieg. Demütig lauschte ich den Polizisten. Ich erwartete, dass eine Flut von Fragen über mich hinwegschwappen würde, aber die einzige Person, die befragt wurde, war Yakubu. Er bekam einen offiziellen Verweis, weil er Geschlechtsverkehr mit mir gehabt hatte, aber ich machte mir nichts vor. Eigentlich gab man mir die Schuld, und die Tatsache, dass niemand mit mir redete, zeigte mir, dass ich Recht hatte. Es war erniedrigend, unerträglich, am liebsten wäre ich schreiend aufgesprungen und weggerannt. Aber ich zwang mich, stumm zu bleiben.

Yakubu antwortete ernst und unbeholfen, ohne die leiseste Andeutung seines für gewöhnlich so strahlenden, selbstbewussten Lächelns. Er gab zu, mit mir Geschlechtsverkehr gehabt zu haben und versicherte der Polizei, er würde sich um Mutter und Kind kümmern und mich heiraten. Fall abgeschlossen. Wir waren entlassen, und ich ging, ohne ihm auf Wiedersehen zu sagen. Hasserfüllte Gedanken gingen mir durch den Kopf.

Sie haben ihm nichts getan. Er hat von mir verlangt, unser Baby zu töten. Das sollte eigentlich ausreichen, um ihn zu bestrafen. Stattdessen haben sie ihm einen Ausweg geboten, und jetzt muss dieser verabscheuungswürdige Kerl die Brautsumme für mich festlegen und unsere Hochzeit arrangieren. Es ist eine Schande, dass er auch nur in die Nähe meines Vaters kommen darf… Aber genau das wird geschehen, und ich muss mich damit abfinden.

Doch es kam alles ganz anders. Yakubu kam nicht zu uns nach Hause, um mit meinem Vater zu sprechen. Kein Ende der Probleme war in Sicht. Und ein paar Tage später gab es einen Skandal: Yakubu hatte alles zurückgenommen. Er war zur Polizei gegangen, hatte seine Aussage widerrufen und neue Behauptungen aufgestellt. Danach war er mir nie begegnet, geschweige denn, dass er Geschlechtsverkehr mit mir gehabt hatte. Ich hätte alles nur erfunden, um ihm zu schaden und einen Ehemann zu finden.

Es war unglaublich.

Mein Fall wurde im Dorf offen erörtert, und jeder kam zu uns, um uns Neues zu berichten. Yakubu hatte seine Aussage auf Rat seines Bruders zurückgezogen. Ich wusste, dass Yakubus Bruder ein mächtiger Mann war und in den umliegenden Dörfern gefürchtet wurde, weil er reich war und in Sokoto arbeitete. Yakubu, der schwach und verzweifelt war, hatte sich offenbar an ihn gewandt.

Dies bedeutete, dass der Fall neu aufgerollt wurde und der eigentlich Verantwortliche mit einer einfachen Erklärung davongekommen war. Yakubu würde jetzt nicht mehr verhört werden. Ihm wurde überhaupt nichts vorgeworfen. Sein Ruf war gerettet. Über mich jedoch brach eine Flut von Verhören, Vorladungen und Unwürdigkeiten herein, und mir war klar, dass am Ende eine furchtbare Strafe stehen würde.

In jenen Tagen der Angst und der Ungewissheit waren meine Eltern meine Rettung. Entschlossen standen sie mir zur Seite. Körperlich wurde ich immer schwächer, je näher der Prozesstermin rückte, aber die moralische Unterstützung durch die Liebe meiner Eltern verlieh mir die Überzeugung, alles überstehen zu können: Ich würde einfach die Wahrheit sagen und auf mein reines Gewissen bauen. Allahs Wille würde geschehen, und seine treue Dienerin würde sich nicht davonschleichen.

Mein Bauch wurde immer dicker, und ich spürte, wie sich das Kind bewegte. Dieses Geschöpf war ein Geschenk und ein weiterer Grund durchzuhalten.

Komm heraus, mein Kleines. Ich möchte dich sehen, sagte ich im Geiste zu meinem Baby und streichelte über meinen Bauch. Du gibst mir die Kraft, uns beide zu retten. Ich liebe dich, ich liebe dich sehr … Du bist mein neues Leben. Komm heraus, bitte, komm heraus und hilf mir. Wenn ich dich in meinen Armen halte, sind mir alle anderen Menschen gleichgültig. Sie können mich quälen, dieses oder jenes Gerücht in die Welt setzen, mich ermutigen oder mir wehtun, aber ich werde ihnen nicht zuhören. Ich werde nur Augen und Ohren für dich haben, mein Kleines, und nur auf deine Stimme werde ich hören. Ich werde dein kleines Gesicht sehen und dich noch mehr lieben, als ich es jetzt schon tue. Ich werde dich lieben, als ob du mein einziges Kind wärst, mein geliebtes Kind.

Endlich kam mein Baby zur Welt. Mit Hilfe meiner Mutter gebar ich eine kleine Tochter. Ein schönes, gesundes und starkes kleines Mädchen. Ich nannte sie Adama. In den Augen der Welt war sie der Beweis meiner Sünde, aber ich dankte Allah, dass er sie mir geschenkt hatte. Vom ersten Moment an spürte ich tief in mir, dass sie es wert war, für sie zu kämpfen. Bis zum bitteren Ende.

Nur ein paar Tage nach der Entbindung wurde meine Entschlossenheit auf die Probe gestellt. Ich kümmerte mich gerade um Adama, als ein offizielles Schreiben eintraf. Mein Fall war an das Islamische Bezirksgericht überstellt worden. Es war Anklage wegen Ehebruchs gegen mich erhoben worden, was den Tod durch Steinigung bedeuten konnte.

ZEHN

Der Prozess

Zu Tode gesteinigt... Wie konnte das sein? Als ich klein war, hatte ich die alten Leute im Dorf darüber reden hören. Und jetzt sollte ich zu Tode gesteinigt werden. Ich, Safiya. Schuldig nur, weil ich einem Mann ohne Prinzipien in die Falle gegangen war. Ich hatte gehört, dass diese Form der Hinrichtung grauenhaft war, und der Gedanke daran ließ mich vor Entsetzen erzittern. Die verurteilte Person wurde eingegraben – Männer bis zur Taille, Frauen bis zur Brust – und bekam einen Sack über den Kopf gestülpt. Dann wurde sie so lange mit Steinen beworfen, bis sie starb. Das furchtbarste Detail war, dass die Steine klein genug sein mussten, um den Verurteilten nicht schon beim ersten oder zweiten Treffer zu töten, zugleich jedoch groß genug, um ihm Schmerzen und Verletzungen zuzufügen und so die Qual zu verlängern.

Bis jetzt war noch nichts entschieden. Aber der Gedanke an den Steinregen verfolgte mich bis in den Schlaf, und morgens wachte ich wie zerschlagen auf, hin und her gerissen zwischen meiner Angst vor dem, was kommen würde, und der Freude, die Adama mir schenkte.

Ich wiegte sie, fütterte sie und kümmerte mich um sie. Ich drückte sie an meine Brust und fragte mich, wie die Welt nur so unglaublich grausam sein konnte. Du bist noch so klein, hilflos, süß und zart wie eine Blume … Um mein Leben zu retten, hätte ich auf diesen hassenswerten Kerl hören müssen, der dich gezeugt hat, und dich abtreiben lassen müssen. Aber ich wollte nicht, und jetzt bringt mich meine Liebe zu dir vielleicht um … Wo ist da Gerechtigkeit? Wie kannst du, mein Kind, der Grund für all das Böse sein? Wie kann ein Baby, das reinste und unschuldigste Geschöpf auf der Erde, ein Symbol der Sünde sein, die mit dem Tode bestraft wird?

Adama war ein ruhiges, fröhliches Baby. Wenn ich sie nur anschaute, ging es mir schon besser. Ihr und meinen Eltern verdanke ich die wundervollsten Augenblicke meines Lebens. Sie brachten mich zum Lächeln und machten mich glücklich, obwohl der dunkle Schatten über mir lauerte, fern noch, aber zugleich so nah und bedrohlich …

Ich werde wieder vor Gericht erscheinen und noch mehr peinliche Fragen über mich ergehen lassen müssen, Scham und Demütigung ertragen müssen … Richter und andere Menschen, die ich nicht kenne, werden in meiner Intimsphäre herumwühlen und mir meine persönlichsten Geheimnisse entlocken … Ich werde Yakubu wiedersehen müssen, ich werde mit seinen Lügen und den Worten der Leute, die ihm glauben, konfrontiert werden … Und dann der tödliche Steinregen, der mich von meinem Kind wegreißt …

Ja, nicht den Tod fürchtete ich am meisten. Am meisten Angst machte mir der Gedanke, dass meinem kleinen Mädchen die Mutter genommen würde. Ein so winziges Geschöpf konnte doch alleine noch gar nicht überleben …

Nein!! Ich schrie es in der Nacht und flüsterte es am Tag. Eine unbändige Wut erfüllte mich – eine Wut, die so groß war, dass ich manchmal sogar meinen Vater verfluchte.

Mein Vater! Er ist so weise und religiös, aber er tut nichts, um all das aufzuhalten. Er weiß, dass ich vor Gott nicht schuldig bin. Er weiß, dass ich gläubig bin. Er ist ein alter Mann, und die Menschen hören auf ihn – er hat doch Einfluss! Warum unternimmt er nichts? Warum protestiert er nicht? Warum erzählt er den Richtern nicht, was wirklich passiert ist? Wenn sie es wüssten, würden sie den Fall niederlegen … und ich wäre frei. Frei, um mein Leben, mein Leben mit Adama zu leben …

An diesem Punkt jedoch holte mich die Realität wieder ein. Niemand konnte mich vor dem Prozess bewahren, noch nicht einmal mein Vater. Ich musste selber für mich eintreten, um meine Rechte kämpfen und um jeden Preis die Steinigung verhindern.

Der Prozess begann, aber ich war noch nicht bereit. Ich war vor Adamas Geburt schon zweimal vor dem Islamischen Gericht erschienen. Das erste Mal hatte der Richter mich und Yakubu verhört, und beim zweiten Mal war nur meine Anwesenheit erforderlich – die eigentliche Verhandlung wurde bis nach der Geburt des Babys verschoben. Beide Male war alles ziemlich schnell gegangen.

Mit dieser Anhörung jetzt begann jedoch der schwerste Teil des Verfahrens. Meine Zukunft stand auf dem Spiel. Ich war erschöpft und besorgt, aber entschlossen zu kämpfen. Adama war mein wichtigster Antrieb. Sie war doch noch ein Säugling und wusste nichts von dem, was um sie herum vorging. Wenn Yakubu auch nur eine Spur von Sensibilität besaß, würde er bei ihrem Anblick vielleicht alles zurücknehmen. Er musste sie doch nur anerkennen, zugeben, dass er Geschlechtsverkehr mit mir gehabt hatte und mich heiraten. Und dann wäre ich gerettet.

Selbst unter diesen Umständen würde ich der Heirat nur zustimmen, um zu überleben. Ich konnte den Gedanken nicht ertragen, mit einem wertlosen Feigling wie Yakubu zusammenzuleben. Sicher würde sich auch der Richter von Adama beeinflussen lassen und sich letztendlich sagen, dass er es nicht verantworten könne, diesem hilflosen Neugeborenen die Mutter zu nehmen.

Der Gerichtssaal war voller Menschen. Ich ging hocherhobenen Hauptes hinein und trug meine kleine Tochter so, dass jeder sie sehen konnte. Adama schlief, und als ich sie betrachtete, hatte ich das Gefühl, wir beide seien allein auf der Welt. Ihr kleines Gesicht verzauberte mich, ihr gleichmäßiges, ruhiges Atmen erfüllte mich mit Mut, und ich dachte, dass jeder im Gerichtssaal das Gleiche empfinden müsse.

Schließlich trat der Richter mit zwei Beisitzern ein. Alle erhoben sich. Ein paar Verse aus dem Koran wurden vorgelesen, die Formalitäten wurden erledigt, und dann begann die Anhörung.

Yakubu saß schräg vor mir. Ich vermied es, ihn direkt anzuschauen, sah aber aus den Augenwinkeln, dass er sich Sorgen machte. Sein Mund stand halb offen, und seine Miene wirkte genauso dümmlich wie in dem Moment, als ich ihm gesagt hatte, ich sei schwanger. Er blickte unverwandt den Richter an. Hinter ihm saß sein Bruder – der reiche, mächtige Mann, der Yakubu überredet hatte, seine erste Aussage zurückzunehmen und jede Verantwortung abzulehnen. Er saß aufrecht da und wirkte selbstsicher und entspannt. Ich betrachtete ihn und fragte mich, ob er sich wohl im Klaren darüber war, was er anrichtete. Was ist das für ein Mann? Weiß er nicht, dass ich zu Tode gesteinigt werde? Ist ihm nicht bewusst, dass ein kleines Mädchen seiner Mutter beraubt wird?

Der Richter begann zu sprechen. Er zog ein paar Unterlagen aus einer Mappe, sagte meinen Namen und erklärte mir, ich solle gut zuhören. Er las meine Aussagen vor und fragte mich, ob ich meine Version der Fakten bestätigen, abändern oder widerrufen wolle. Ohne auch nur eine Sekunde zu überlegen, bestätigte ich sie. Ja, Yakubu und ich hatten viermal Geschlechtsverkehr gehabt; ja, bei ihm zu Hause; ja, er hatte versprochen, mich zu heiraten; ja, er war zweifellos Adamas Vater.

Der Richter holte weitere Unterlagen aus der Mappe und wandte sich an Yakubu. Während er seine Aussage vorlas, stiegen Empörung und Wut in mir auf. Angeblich war Yakubu mir nie begegnet, hatte nie mit mir geschlafen und war auf keinen Fall Adamas Vater.

Noch hatte Yakubu seine Aussage weder bestätigt noch abgestritten, aber es machte mich schon wahnsinnig, sie nur zu hören. Ich versuchte, Adama so zu halten, dass er sie ansehen musste, um ihm zu sagen: Sieh sie dir an. Sie ist deine Tochter. Sieh sie dir an, und dann musst du beweisen, ob du imstande bist zu lügen und alles abzustreiten! Aber Yakubu hielt seinen Blick fest auf den Richter gerichtet, der ihn ebenfalls fragte, ob er seine Aussage bestätigen wolle.

»Ja«, flüsterte Yakubu. Der Richter forderte ihn auf, lauter zu sprechen.

»Ja!«

Ich hasste ihn. Am liebsten hätte ich laut geschrien und ihn verflucht. Ich drückte Adama fest an mich, ein wenig zu fest vielleicht, aber ich war so fassungslos. Mein kleines Mädchen wachte auf und brach in Tränen aus. Ihr schrilles Weinen schallte durch den Saal, als habe sie gehört, dass ihr Vater sie verleugnet und ihre Mutter damit zum Tode verurteilt habe.

Der Richter wandte sich noch einmal an Yakubu und stand

auf. Dann sagte er zum Publikum: »Findet ihr nicht, dass dieses Kind wie sein Vater Yakubu aussieht?«

Hoffnung wärmte mein Herz. Adama würde mich retten: Der Richter hatte verstanden und war auf meiner Seite. Ich hob mein Kind hoch, damit alle es sehen konnten. Es wurde still, und nur Adamas Schreien war zu hören. Der Richter stand immer noch und zeigte mit dem Finger auf Yakubu.

Ein paar Minuten vergingen. Der Richter forderte Yakubu noch einmal auf, das Kind anzuschauen, dann wiederholte er seine Frage: »Willst du die Aussagen, die ich gerade vorgelesen habe, bestätigen?«

Völliges Schweigen. Adama hatte aufgehört zu schreien, so als hielte auch sie den Atem an, während sie auf die Antwort ihres Vaters wartete.

Zum ersten Mal sah ich Yakubu direkt in die Augen. Er saß wie eine Bronzestatue auf seinem Stuhl und sagte kein Wort. Sein Bruder beugte sich zu ihm und flüsterte ihm etwas ins Ohr. Der Richter verlangte Ruhe, und schließlich sagte Yakubu: »Ja, ich bestätige diese Aussagen.«

Erregtes Murmeln ging durch den Gerichtssaal. Ich hatte das Gefühl, ohnmächtig zu werden. Es war alles so unwirklich. Es konnte einfach nicht wahr sein, das konnte der Richter doch nicht zulassen. Er wird Yakubu jetzt sicher ins Gefängnis sperren, dachte ich. Wie kann er nur so lügen? Er empfindet überhaupt nichts für seine Tochter. Er lässt einfach zu, dass ich gesteinigt werde... und ich habe ihm meinen Körper und meine Liebe gegeben... Verzweifelt begann ich zu weinen.

Der Richter stellte die Ordnung wieder her und verkündete das Urteil. Ich sollte zu Tode gesteinigt werden. Jetzt konnte ich mich nur noch an das Berufungsgericht der Scharia in Sokoto wenden.

Der Saal leerte sich, und schließlich saß ich ganz alleine da, auf meinem Stuhl zusammengekauert, und drückte Adama an mich.

»Komm, Safiya, lass uns gehen …«

Mein Vater stand vor mir. Er war mit mir gekommen und streckte mir jetzt seine Hand entgegen. Ich band Adama auf meinen Rücken, und wir machten uns auf den Weg nach Tungar Tudu. Mittlerweile ging ich nicht mehr einen Schritt hinter ihm, sondern führte ihn, weil er nicht mehr gut sehen konnte. Seine Liebe rührte mich. Mein armer lieber, alter Vater, er war so schwach und krank, und dabei doch so umsichtig und liebevoll …

Auf dem Heimweg schwiegen wir beide. Als wir nach Hause kamen, ging er nicht wie üblich direkt in sein Zimmer, um zu beten, sondern blieb bei mir. »Verlier nicht den Mut, Safiya«, sagte er zu mir. »Allah weiß, was er tut. Das Urteil ist noch nicht endgültig – das entscheiden andere Richter. Wir werden in Ruhe abwarten.«

Seine Worte beruhigten mich. Ich nahm Adama von meinem Rücken und blickte sie an: Sie war so süß, und mir ging es gleich besser. Natürlich hatte ich immer noch Angst, aber die großen schwarzen Augen meiner kleinen Tochter schimmerten vor Hoffnung. Wieder einmal dankte ich Allah für mein kleines Mädchen.

Ein paar Wochen später klopfte ein Gerichtsbote an unsere Tür: Am 3. Juli 2001 sollte ich zur nächsten Verhandlung erscheinen.

Das Warten war nervenaufreibend. In den Nächten wurde ich von einem immer wiederkehrenden Albtraum gequält, bei dem ich nach Westen, in die entgegengesetzte Richtung von

Mekka schaute, weg von dem Gebäude, vor dem wir normalerweise knien und beten. Man warf Steine auf mich, und die Tränen liefen mir über die Wangen. Schließlich brach ich zusammen, meine Arme und Hände waren taub vor Schmerzen. An diesem Punkt endete der Albtraum, und ich fuhr schweißgebadet und erschreckt aus dem Schlaf auf. Fast jeden Morgen sagte Mama zu mir, ich hätte im Schlaf geschrien.

Nach Sokoto fuhr man gut drei Stunden durch den Busch. Der Kleinbus war immer voll, weil er durch alle Dörfer fuhr und überall Passagiere aufnahm.

Am 3. Juli stieg ich mit Adama auf dem Rücken in den Bus. Mein Vater hatte darauf bestanden, mich zu begleiten.

Ich war schon früher in Sokoto gewesen, aber an jenem Morgen hatte ich das Gefühl, ich führe an einen feindseligen Ort, wo alle mich und meine Geschichte kannten und mich voller Verachtung musterten.

Im Gerichtssaal ging es lebhaft zu, weil mein Fall auch zu einem politischen Thema geworden war. Ich verstand nicht viel von Politik, und ich fand sie auch nicht besonders interessant. Ich wusste nur, dass manche Politiker darauf drängten, dass ich verurteilt wurde, weil das die strenge Anwendung des islamischen Gesetzes in unserer Region stärken würde. Andere, gemäßigtere Politiker wollten die Scharia toleranter auslegen, damit unser Bundesstaat sich nicht so sehr von anderen nigerianischen Bundesstaaten mit anderen Gesetzen unterschied.

Aber ich hatte schon genug mit meinen persönlichen Schicksalsschlägen zu tun. Indem Yakubu jede Verantwortung ablehnte, war es ihm gelungen, sich aus dem Prozess zu schleichen. Die Richter würden ihm keine Fragen mehr stellen. Es machte mich wütend, aber mir war klar, dass ich nichts dagegen tun konnte. Ich musste mich auf meine Verteidigung konzentrieren.

Mir fiel auf, dass mein Bruder Muhammadu Sani ebenfalls im Gerichtssaal war. In den letzten Jahren war seine Beziehung zur Familie schlechter geworden. Nach seiner Heirat hatte er sich einer extremistischen islamischen Gruppierung angeschlossen, und er kritisierte uns ständig, wenn er zu Besuch kam. Er sagte, wir lebten nicht gemäß den religiösen Vorschriften des Islam; meine Mutter und ich beteten nicht genug, unsere Schleier bedeckten unsere Haare nicht vollständig, und wir verbrächten zu viel Zeit außerhalb des Hauses. Manchmal kritisierte er sogar unseren Vater – es war lächerlich und unangemessen, da niemand in unserer Familie respektvoller und gläubiger zum Islam stand als Vater …

Ich war so naiv zu glauben, Muhammadu sei gekommen, um mich zu unterstützen, deshalb warf ich ihm einen freundlichen Blick zu und wartete auf seinen Gruß. Aber er tat so, als sähe er mich nicht. Verwirrt ging ich an ihm vorbei und setzte mich.

Der Grund für die Anwesenheit meines Bruders wurde mir klar, als die Verhandlung begann. Der Richter rief ihn auf und bat ihn, die Gründe und Umstände zu erläutern, aus denen er mich angezeigt hatte.

Ich war so schockiert, als habe mir jemand eine Ohrfeige gegeben. Mich angezeigt? Wer hatte mich angezeigt? Wollte der Richter damit sagen, dass mein Bruder für das, was ich durchmachte, verantwortlich war? Mohammadu, mein kleiner Bruder, um den ich mich in meiner Kindheit so hingebungsvoll gekümmert hatte? *Er* hatte mir, seiner Schwester, dies angetan? Nein, das muss ein Irrtum sein, dachte ich.

Aber Muhammadu erhob sich und redete, als habe er eine

heilige Mission zum Wohle der Allgemeinheit zu erfüllen. Selbstsicher und ohne die leiseste Gefühlsregung schilderte er Umstände und Ereignisse, sagte, ihm sei bei einem Besuch bei der Familie aufgefallen, dass ich schwanger war, und dies habe er als Verstoß gegen die Scharia erachtet. Ein Verstoß, der dem Gericht, das über das religiöse Verhalten des Volkes wachte, angezeigt werden musste.

Ich lauschte ihm entsetzt. Als er fertig war, blickte ich ihn direkt an, aber er ignorierte mich immer noch. Ich dachte an meinen Vater, der unter den Zuschauern saß, und es tat mir so Leid für ihn. Er war blind und konnte Muhammadu nicht sehen, aber nichts schützte ihn vor dem Schmerz zu hören, dass sein Sohn seine Schwester angezeigt hatte. Ich war so verletzt von Muhammadus Verrat, dass ich in Tränen ausbrach.

In den folgenden vier Monaten gab es für mich viel Grund zum Weinen. Die Verhandlungen waren anstrengend, weil jeder einzelne Umstand und jedes Ereignis genau betrachtet wurden. Wieder einmal musste ich aussagen, meine Seele bloßlegen, demütigende Befragungen über mich ergehen lassen. Bei jeder Anhörung war ich gezwungen, vor Fremden meine intimsten Lebensgeheimnisse zu enthüllen. Es hatte keinen Sinn, Yakubu immer wieder zu beschuldigen; er hatte ja sogar geleugnet, mir jemals begegnet zu sein, und jetzt wollten die Richter einen anderen Namen von mir hören, den Namen des Mannes, der angeblich Adamas wirklicher Vater sein sollte. Ein Name, den ich ihnen nicht nennen konnte, weil es diesen anderen Mann nicht gab.

Der Prozess endete im Oktober. Der Richter sagte, nach der Beratung mit anderen Richtern und weisen Männern würde er das Urteil verkünden.

Wieder einmal konnte ich nur warten. Aber dieses Mal

wusste ich, dass es nur noch wenig Hoffnung für mich gab. Die Tatsachen standen gegen mich: Ich war außerhalb der Ehe schwanger geworden und hatte Adama zur Welt gebracht, und deshalb musste ich des Ehebruchs schuldig sein. Mein Schicksal lag in Allahs Hand. Ich vertraute ihm und betete, während ich auf das Urteil wartete.

Abend. Leise Stimmen, flackernde Feuer. Friedlich und ohne Furcht versammelten sich im Dorf alle Familien, alle, außer meiner. Adama schlief in meinen Armen, und ich dachte über die Vergangenheit und über die Gegenwart nach. Von der Zukunft wollte ich nichts wissen.

»Safiya.«

Mein Vater trat zu mir. Er sprach leise, und sein Gesichtsausdruck war voller Qual. Ich verstand sofort.

»Das Gericht? Das Urteil?«

»Ja, mein Kind. Sie haben es mir gerade gesagt.«

»Und?«

Ich fragte, obwohl ich die Antwort bereits wusste. Der Gesichtsausdruck meines Vaters, seine angestrengte Emotionslosigkeit sagte alles. Und als er seine Hand auf meine legte, um mir Mut zu machen, die schreckliche, unmenschliche Nachricht zu ertragen, brauchte er die Worte eigentlich nicht mehr auszusprechen.

»Die Höchststrafe, Safiya. Tod durch Steinigung.«

Es traf mich wie ein Schlag. Starr saß ich da, weinte und schrie nicht. Meine Eltern umarmten mich, und ich tat so, als lauschte ich ihren tröstenden Worten und glaubte ihnen, als sie sagten, es sei noch nicht alles verloren, ich könne Berufung gegen das Urteil einlegen, und ich müsse auf Allahs grenzenlose Güte vertrauen. Ich ließ sie reden.

Ich werde getötet... Ich konnte an nichts anderes denken. *Ich werde getötet.*

Ich war wie benommen. Ich ging zu Adama und Aisha, einer meiner Töchter von Mohammed, setzte mich auf meine Matte und versuchte nachzudenken, aber es war unmöglich. Zu Tode gesteinigt zu werden war zu entsetzlich. *Ich werde sterben, ich werde sterben …* Aisha schlief, Adama lag in meinen Armen und nuckelte am Daumen. Mein kleiner Liebling war so fröhlich und ruhig wie eh und je … und wie schon so oft in den letzten Monaten gab sie mir Kraft. Ich konnte das Urteil nicht einfach so hinnehmen.

Ich muss mich retten … Ich muss fliehen, es gibt keine andere Möglichkeit … Ich muss sofort von hier weg. Die Dunkelheit wird mir dabei helfen, und bis sie merken, dass ich geflohen bin, bin ich schon längst weit weg … Rasch, rasch … Ich muss das Dorf sofort verlassen …

Ich hatte meine Entschlossenheit wiedergefunden und bewegte mich rasch und leise. Ich würde nur die kleine Adama mitnehmen und sonst niemanden. Aisha war schon elf und konnte sich mit Hilfe meiner Familie um sich selber kümmern. Neue Kraft erwachte in mir. Ich würde mein Schicksal selber in die Hand nehmen, und Allah war auf meiner Seite.

Ich füllte zwei Ziegenhäute mit Wasser und Milch und packte etwas zu essen ein: Dörrfleisch, *fura*, Hirsebrei und *kulikuli* – der trockene Erdnusskuchen, der lange sättigt. Ich bat Allah um seinen Segen, band Adama auf meinen Rücken und schlich auf Zehenspitzen aus dem Haus und aus dem Dorf, ohne noch einmal zurückzublicken. Um dem Tod zu entgehen, ließ ich mein Leben hinter mir.

ELF

Imam

Es war sehr gefährlich, in den Busch zu fliehen – es konnte sogar tödlich sein. Erst als ich im Haus meines Onkels in Jinjina war, wurde mir klar, welchen Wahnsinn ich begangen hatte. Ich aß und trank, und als ich mich wieder ein wenig erholt hatte, dachte ich daran zurück, wie ich ziellos und ohne Hoffnung drei Tage lang umhergeirrt war. Ich war allein und verraten gewesen, ungerecht verurteilt und von aller Welt verlassen. Eine Woge des Entsetzens war über mir zusammengeschlagen, als wir weder Wasser, Milch noch etwas zu essen hatten, und mir klar geworden war, dass Adama sterben würde, wenn ich ihr nicht bald etwas geben konnte. Lähmende Kraftlosigkeit hatte mich überfallen, als mir bewusst wurde, dass ich niemanden um Hilfe bitten konnte, weil mich jeder anzeigen würde. Meine zunehmende Schwäche, meine unsicheren Schritte, Adama, die immer schwerer auf meinem Rücken lastete und mich stolpern und hinfallen ließ, die glühende Sonne, die mir Kehle und Augen austrocknete. Meine Verzweiflung, als ich sah, wie der Hirte mit seinen Kamelen am Horizont verschwand, und ich wusste, dass ich ihn nicht rufen konnte. Die Gewissheit, dass ich auch Adama umbrachte und sie nur retten konnte, wenn ich mich selber auslieferte. Und gerade als ich aufgeben wollte, hatte ich den Brunnen gefunden. Es war eine solche Erleichterung gewesen, zu trinken und zu spüren, wie das Leben wieder durch meine Adern strömte. Und dann schließlich hatte ich das Zeichen der Rettung gesehen, den riesigen Baobab, der mir den Weg in die Sicherheit nach Jinjina zeigte ... Mit letzter Anstrengung schleppte ich mich Schritt für Schritt dorthin ... die verblüfften Gesichter der alten Leute, die vor ihren Hütten saßen, als ich zur Hütte meines Onkels taumelte ... seine herzliche Umarmung.

Allah hatte mich geführt, das wusste ich. Ohne ihn wären Adama und ich im Busch gestorben.

Am nächsten Tag kehrte ich auf die Bitte meines Onkels hin nach Tungar Tudu zurück. Meine Eltern hatten geglaubt, mich für immer verloren zu haben, und ich war entschlossen, sie nie wieder zu verlassen, komme, was wolle.

Die Flucht hatte mich vollkommen ausgelaugt, und mir wurde erst jetzt klar, wie dumm ich gewesen war. Sicher, ich war zum Tode durch Steinigen verurteilt, aber der Richter hatte verfügt, dass das Urteil erst dann vollzogen würde, wenn ich Adama entwöhnt hatte, und auch dann nur, wenn meine Berufung abgelehnt wurde. Es gab immer noch Hoffnung; ich musste weiterkämpfen und durfte nicht in Angst und Verzweiflung versinken.

Meine Familie war mein stärkster Verbündeter. Wenn ich heute zurückblicke, frage ich mich, was ich ohne ihre Unterstützung gemacht hätte. Ich war von Wärme und Liebe umgeben: Meine Eltern, Schwestern, Tanten, Onkel, Vettern und Cousinen – selbst die entferntesten – missbilligten Muhammadus Verhalten.

Es tat so weh, dass gerade er mich angezeigt hatte: Ich sah ihn immer noch als kleinen Jungen, den ich auf dem Rücken herumgeschleppt hatte, als sei ich seine Mutter. In den vielen Stunden, in denen ich mit ihm gespielt hatte, war ich immer liebevoll zu ihm gewesen. Wir hatten uns sehr gemocht, ich hatte für ihn gelebt und einen Teil meiner Kindheit für ihn geopfert.

Wie hatte er so etwas nur tun können? Yakubu war ein Fremder, und ich fand es nicht so überraschend, dass er mich verraten hatte, aber Muhammadu war mein Bruder, von meinem eigenen Fleisch und Blut. Es war so, als hätte mich eins meiner eigenen Kinder geschlagen.

Seitdem er bei der Anhörung gesagt hatte, er habe gut daran getan, mich anzuzeigen, hatte ich ihn nicht mehr gesehen. Wie würde ich wohl reagieren, wenn ich ihn wiedersah? Würde ich mit ihm reden können? Ihm verzeihen können? Ich wusste es nicht, ich wusste keine Antwort darauf.

Aber ich würde bestimmt eine Erklärung von ihm verlangen. Ich stellte mir vor, dass ich zum Beispiel zu ihm sagen würde: »Warum hast du mich angezeigt? Weißt du eigentlich, was du getan hast? Ich sterbe möglicherweise wegen dir. Sieh dir dieses Kind an. Adama ist deine Nichte, ein kleines, hilfloses Mädchen. Glaubst du wirklich, dass dieses Kind in Allahs Augen eine solche Schuld darstellt, dass seine Mutter deswegen zu Tode gesteinigt werden muss?«

Die Tage vergingen, und obwohl ich immer noch traurig war, fasste ich doch neue Hoffnung. Und wieder einmal war es mein Vater, der sie in mir entzündete. Eines Morgens rief er mich in sein Zimmer, nachdem er gebetet hatte. »Safiya, unsere Familie ist arm, aber wir haben beschlossen, gegen das Urteil Berufung einzulegen. Wir werden einen Anwalt engagieren, was sicher viel Geld kostet, aber alle, selbst deine entferntesten Verwandten, sind bereit, dazu beizutragen. Wir fahren nach Sokoto und nehmen uns den besten Anwalt, den wir uns leisten können. Allah hat meine Gebete erhört und will dich retten, er hat deine ganze Familie zu Hilfe geschickt.«

Nach ein paar Besuchen in Sokoto und einigen Gesprächen mit Verwandten und Bekannten entschieden wir uns für Abdulkadir Imam Ibrahim. Er war Anwalt, hatte in Lagos studiert und arbeitete im Norden. Er verstand vom allgemein gültigen Bundesrecht genauso viel wie vom traditionellen Recht, vor allem dem islamischen Recht, nach dem meine Todesstrafe gefällt worden war.

Als ich das erste Mal in seine Kanzlei kam, hatte ich Schmetterlinge im Bauch. Ich sollte den Mann kennen lernen, der mich retten und Adama die Mutter erhalten konnte. Ich war schüchtern, sogar verängstigt, schließlich kam ich aus einem Dorf im Busch und traute rechtlichen Angelegenheiten nicht. Und jetzt sollte ich einem Anwalt begegnen, einem Mann des Gesetzes, einem wirklich mächtigen Mann. Ich würde sehr überzeugend sein müssen, denn wenn er mir nicht glaubte, konnte ich mich nicht verteidigen, sondern würde hingerichtet werden. Ich hatte Angst davor, einen schlechten Eindruck zu machen, mich falsch zu verhalten und das Vertrauen und die Billigung des Mannes zu verlieren, bevor ich sie noch errungen hatte. Und ich wollte so verzweifelt bestehen, weil es für mich der einzige Weg war, den Kampf um mein Leben zu gewinnen.

Also fasste ich mir ein Herz, betete zu Allah und ging, begleitet von meinem Vater und dem Mann einer meiner Schwestern zu Ibrahim.

Abdulkadir Imam Ibrahim stand hinter seinem Schreibtisch und erwartete uns. Der Raum war voll gestopft mit Aktenordnern und Büchern. Ich hatte noch nie in meinem Leben so viel beschriebenes Papier gesehen und fand auf Anhieb, dass er genau der Richtige war, um sich um meinen Fall zu kümmern. Er hatte bestimmt sehr viel studiert und kannte alle Wechselfälle des Lebens. Er musste einfach wissen, wie ich gerettet werden konnte.

Von Anfang an hörte Imam sehr aufmerksam zu, was ich zu sagen hatte. Er bat mich, ihm zu erzählen, was geschehen war, und lauschte, wobei er sich Notizen machte und ab und zu eine Frage stellte. Meine Angst löste sich in Nichts auf, und ich fühlte mich wohl in seiner Gegenwart. Angenehm überrascht stellte ich fest, dass er viel mehr an meinen Worten interessiert war, als an dem, was die beiden Männer in meiner Begleitung zu sagen hatten. Das war bemerkenswert, fand ich, weil man in islamischen Ländern Frauen nicht so zuhört wie Männern, auch nicht, wenn sie direkt betroffen sind. Bei der Verhandlung zum Beispiel hatte der Richter so gut wie gar nicht mit mir gesprochen, was mich sehr gekränkt hatte.

Mit der Zeit wuchs mein Vertrauen zu Imam, und ich spürte, dass er sich immer intensiver mit meinem Fall auseinander setzte. Nach unserer ersten Besprechung erklärte er, er werde zum gegebenen Zeitpunkt Berufung einlegen. Wir verabredeten einen Termin für den nächsten Tag. Er sagte mir, er brauche Zeit, um die Berufung zu formulieren, und er würde den ganzen Nachmittag und Abend daran arbeiten. Ich vertraute ihm immer mehr. Er arbeitete für mich, und das hatte noch kein Fremder je gemacht.

Am nächsten Tag begrüßte uns Imam mit einem breiten Lächeln und reichte uns die Berufungsschrift, die er aufgesetzt hatte. »Heute beginnt ein langer Kampf, und es wird nicht leicht werden«, sagte er. »Die Leute, die in unserem Land den islamischen Fundamentalismus einführen wollen, wollen die Todesstrafe.« Er setzte sich auf seine Schreibtischkante und versuchte mir etwas zu erklären, was ich noch nie verstanden hatte: wie sich die Politik in einen Fall wie meinen einschleicht.

»Sehen Sie, Safiya, in diesem Fall dürfen wir nicht den Islam, den Propheten oder unseren Gott bekämpfen. Allah will bestimmt nicht, dass Sie sterben, und er weiß, dass Sie seine treue Dienerin sind. Aber Ihr Fall ist eine politische Angelegenheit geworden für die Männer, die unsere Religion als Vorwand nehmen, um ihre Macht zu vergrößern. Sie sind nicht mehr Safiya Hussaini Tungar Tudu, die Mutter eines wunderschönen Kindes, sondern ein Symbol. Wenn Safiya zu Tode gesteinigt wird, gewinnt die eine Gruppe. Bleibt Safiya am Leben, gewinnt die andere Gruppe. Wir müssen diese Logik widerlegen und beweisen, dass Menschen nicht einfach von der Politik als Mittel zum Zweck missbraucht werden dürfen!« Er sprach mit großem Nachdruck, und ich versuchte, seine Worte zu erfassen. Alles verstand ich nicht, aber es war faszinierend, ihm zuzuhören. Er glaubte an unseren Sieg und daran, dass ich gerettet werden konnte. Und jetzt glaubte auch ich daran.

Bevor wir gingen, bestätigte er meinen Eindruck. »Wir schaffen es, Safiya. Gehen Sie jetzt. Ich muss Ihren Fall studieren und Ihre Verteidigung planen. Gehen Sie zurück in Ihr Dorf, und machen Sie sich keine Sorgen.« Er kam hinter dem Schreibtisch hervor und tätschelte Adama die Wange. Sie brach in lautes Gebrüll aus, und wir mussten alle lachen.

Zum ersten Mal seit langer Zeit kehrten wir frohgemut nach Tungar Tudu zurück, und ich hatte wieder einen Blick für die Landschaft, die ich so sehr liebte. Den ockerfarbenen Busch, die Affenbrotbäume, die mich als Kind immer zum Träumen gebracht hatten. Durch das Fenster des Busses sah ich die Hirten, die ihre Tiere hüteten, die Frauen, die ihre schweren Lasten auf dem Kopf trugen, Kinder, die auf vorbeifahrende Autos warteten, damit sie hinterherrennen und aufgeregt schreien konnten.

So wird Adama in ein paar Jahren auch sein, dachte ich. Ich muss bei ihr sein und ihr beibringen, wie kleine Mädchen spielen. Und eines Tages werde ich ihr erklären müssen, dass Frauen einen Schleier tragen und sich ganz der Familie und dem Heim widmen … und dann … Überrascht hielt ich inne. Ich hatte mir wahrhaftig gestattet, an die Zukunft zu denken. Seit dem Urteil hatte die Zukunft für mich nicht mehr existiert, aber jetzt sah ich sie wieder ganz deutlich vor mir. Seit der Begegnung mit Imam hatte die Hoffnung über die Angst gesiegt.

Ein Kind winkte uns zu, als wir auf der staubigen Straße vorbeifuhren. Noch ein gutes Omen … Ich lächelte ihm zu, dann blickte ich auf Adama. Das Schaukeln des Kleinbusses hatte sie eingeschläfert, und jetzt schnarchte sie leise.

Ja, schlaf nur, mein Liebling. Du bist in Sicherheit. Du brauchst dich vor nichts zu fürchten, und auch deine Mama hat keine Angst mehr. Endlich kann deine Mama wieder hoffen. Das ist ein schönes Gefühl. Es macht dich stärker, es spornt dich an. Eines Tages wirst du das auch verstehen. Schlaf jetzt. Schlaf gut und träum süß, mein Liebling …

ZWÖLF

Omen

Nach dem Treffen mit Imam war das Leben bei meinen Eltern wieder angenehm. Ich war zwar noch nicht gerettet und konnte immer noch zu Tode gesteinigt werden, aber ich hatte zumindest wieder neue Hoffnung.

Die Beziehungen zu meinen Eltern waren so gut geworden, dass es meine kühnsten Erwartungen übertraf. Sie waren liebevoll und fürsorglich mir gegenüber. Mein Vater verhielt sich rührend: So unglaublich es klingt, aber der Mann, der immer so wortkarg gewesen war, dass ich mich nach dem Klang seiner Stimme gesehnt hatte, war auf einmal beinahe redselig. Ich wusste nicht, ob es an seiner Krankheit und seiner Erblindung lag oder an der neuen, hoffnungsfrohen Stimmung, die die ganze Familie vereinte, um mich in meinem Kampf zu unterstützen. Alle wollten mir helfen, und ich hatte das Gefühl, eine ganze Armee kämpfe für mich.

Auch Mama, die beständig in ihrer Zuneigung war, hatte sich verändert. Manchmal nahm sie mir sogar die gesamte Hausarbeit ab, und wenn ich die Mahlzeiten für die Familie zubereitete, sagte sie mir, was ich für eine wundervolle Köchin sei.

Und dann gab es noch Adama und Aisha. Es gibt ein Sprichwort, das besagt, ein Haushalt ohne Kinder sei ein unglücklicher Haushalt, und in jenen Tagen bestätigte sich, wie wahr dies war. Aisha spürte deutlich, was für eine schwierige Zeit ich durchlebte, obwohl sie erst elf war. Sie versuchte mir zu helfen, wo sie konnte, und bot sogar an, Besorgungen für mich zu machen, wenn sie nichts zu tun hatte. Und was Adama anging … Nun, sie war wirklich ein Geschenk Allahs.

Alle liebten sie, sie war so süß, lieb und ruhig. Jeden strahlte sie an, und sie schrie so gut wie nie. Ihre großen schwarzen Augen waren so ausdrucksvoll und fröhlich: Sie beobachtete alles, was um sie herum geschah, und dann glitt ein breites Lächeln über ihr Gesicht. Sie anzuschauen, sie zu streicheln und mit ihr zu reden, munterte mich schon auf. Ab und zu fiel mir ein, wie Imam ihr die Wange getätschelt hatte: Sie hatte solche Angst vor diesem Mann gehabt, der so anders war als alle anderen Männer aus dem Dorf. Sie hatte geschrien, aber ich hoffte, bald schon würde sie ihm genauso blind vertrauen wie ich. Solche Gedanken, scheinbar bedeutungslose Details, brachten mich zum Nachdenken. Vielleicht schürte ich so meine Hoffnungen, weil die kleinen, alltäglichen Dinge meine Angst vor der Zukunft verdrängten. Bevor ich Imam begegnete, war ich dazu nicht in der Lage gewesen, und es bewies, wie sehr ich auf ihn baute.

In dieser Zeit geschah auch etwas, das mich wesentlich fröhlicher in die Zukunft blicken ließ. Mama erzählte mir, dass meine Busenfreundin aus Kindertagen, Safiya, nach Tungar Tudu käme und mich sehen wolle. Ich freute mich sehr darüber und musste unwillkürlich an die friedlichen Augenblicke unserer Kindheit denken, wenn wir unter dem Baum saßen und unseren Kleinmädchen-Fantasien nachhingen. Safiya … Im Geiste sah ich ihren faszinierten Gesichtsausdruck und ihre großen Augen vor mir, wenn ich ihr eine meiner erfundenen Geschichten erzählte. Der Tag meiner Hochzeit fiel mir ein, als sie mir von unserem Baum aus zugewinkt hatte und mir die Tränen übers Gesicht liefen, während ich Yussuf zugeführt wurde. Damals hatte ich sie das letzte Mal gesehen, und ich wusste nicht, was aus ihr geworden war. Ob sie wohl Kinder hatte und glücklich war? Oder hatte sie auch ein Leben voller Schmerz und Leid hinter sich wie ich? Und jetzt sollte ich sie wiedersehen. Ich konnte es kaum glauben. Ich hatte oft von ihr geträumt, aber sie war kein Traum. Safiya – meine Freundin, der ich immer mein Herz ausgeschüttet hatte – war Wirklichkeit, und endlich würde ich etwas über ihr Leben erfahren.

Als sie schließlich kam, war ich enttäuscht. Zwei tiefe Falten zogen sich von ihren Mundwinkeln hinunter, und sie war dick geworden, soweit ich es unter dem Gewand und dem Schleier erkennen konnte. Ich hatte erwartet, die anmutige, schlanke Safiya wiederzusehen, das neugierige Mädchen, mit dem ich immer gespielt hatte. Stattdessen stand ich einer erwachsenen Frau gegenüber, die vom Alter und ihren fünf Schwangerschaften geprägt war. Ihr jüngstes Kind – ein Junge – war zwei Jahre alt, und obwohl er ziemlich groß und kräftig war, trug sie ihn immer noch auf dem Rücken. Stumm umarmten wir uns. Wir sprachen nicht über unsere Kindheit, es erschien uns unpassend für Frauen unseres Alters, die andere Sorgen zu bewältigen hatten. Safiya hatte nicht so Schlimmes erlebt wie ich, aber ihr Leben war auch nicht einfach gewesen. Sie hatte einen Mann aus einem Dorf weit entfernt von Tungar Tudu geheiratet, und er ging sehr grob mit ihr um, auch wenn er sie nie verstoßen hatte.

Wir waren alleine und konnten miteinander schwatzen wie früher. Sie erzählte mir, ihr Ehemann misshandele sie und sei mit nichts zufrieden, was sie mache. Er schlug sie häufig, und es war ihm gleichgültig, dass ihre Kinder keinen Respekt vor ihr hatten, weil sie sich am Vater ein Beispiel nahmen.

Tränen traten mir in die Augen, als sie ihre Geschichte erzählte. Meine Freundin spürte sicher, wie sehr ich mit ihr fühlte, denn schließlich brach sie ab und bat mich, von mir zu erzählen. Während ich berichtete, nickte sie die ganze Zeit, als wisse sie bereits alles. Danach umarmten wir uns wieder. Wir wünschten uns nicht alles Gute, das brauchten wir nicht. Jede von uns wollte, dass die andere glücklich war.

Ich sah ihr nach, wie sie, unter dem Gewicht des Zweijährigen schwankend, den Weg entlangging, und wieder traten mir Tränen in die Augen. Zwar hatte sie es mir nicht gesagt, aber ich wusste, dass sie mich ohne Erlaubnis ihres Ehemanns besucht hatte. Wenn er es erfuhr, würde er sie bestimmt schlagen. Eine treue islamische Ehefrau darf keine Ehebrecherin besuchen, die zum Tode durch Steinigen verurteilt ist.

Auch meine Träume trugen dazu bei, dass ich die Zukunft in fröhlicheren Farben sah. Es gab keine entsetzlichen Visionen mehr von Steinen, die auf mich niederprasselten, meine Träume waren dagegen friedlich und brachten manchmal sogar die glücklichen Tage der Vergangenheit zurück. Eines Abends ging ich nach einem langen, schönen Gespräch mit meinen Eltern ins Bett und hatte einen wunderschönen Traum voller guter Omen. Bevor ich einschlief, hatte ich Adama neben mich gelegt. Ihr ruhiges Atmen wiegte auch mich in den Schlaf, und dann träumte ich.

Ich war in einer Stadt, in Sokoto vielleicht. Die Sonne war noch nicht aufgegangen, und ich ging allein durch die leeren Straßen. Aus einem Impuls heraus lief ich in jedes Haus, weckte die Kinder und sagte ihnen, Allah riefe sie. Sie folgten mir auf ein Feld, wo ich sie aufforderte, dreimal das Gebet des Propheten zu wiederholen. Auf einmal war das Feld von Licht überflutet, und ich wurde von einem seltsamen fliegenden Objekt in den Himmel gehoben. Dort stand ich vor einer Gruppe weißer Männer, die schrieben und tief in Gedanken versunken waren, als ob sie wichtige Aufgaben für die Welt zu bewältigen hätten. Sie flüsterten miteinander.

Ich konnte nicht verstehen, was sie sagten, deshalb wartete ich respektvoll. Sie würden mich sicher bald bemerken. Und tatsächlich, schließlich blickten sie von ihrer Arbeit auf. Sie wirkten überhaupt nicht überrascht, mich zu sehen, sondern blickten mich an, als hätten sie mich erwartet. »Bist du Safiya?«, fragte der Älteste. »Ja«, erwiderte ich. »Geh jetzt, es wird alles in Ordnung kommen.« Ich wurde ruhiger, auch wenn ich noch nicht völlig beruhigt war, und kehrte zu dem geheimnisvollen fliegenden Objekt zurück. Wieder einmal wurde ich in den Himmel, ins Licht getragen. Und dann stand ich erneut vor einer Gruppe von Männern – Araber dieses Mal –, die eifrig schrieben und dicke Bücher mit vergilbten Seiten durchblätterten. Wieder wartete ich hoffnungsvoll.

Wie zuvor beachtete mich niemand. Alle diskutierten über ein schwieriges Problem und zeigten sich gegenseitig die entsprechenden Stellen in den Büchern. Schließlich stand der Älteste auf, und es wurde still. Der Mann blickte mich verheißungsvoll an. Er hielt das Heilige Buch in den Händen und fragte mich: »Bist du Safiya?« »Ja«, erwiderte ich. »Geh jetzt, es wird alles in Ordnung kommen.« Kaum hatte er die Worte ausgesprochen, wachte ich auf. Es war immer noch dunkel, aber der Mond schien ins Zimmer. Ich fühlte mich leicht und friedlich. Neben mir atmete Adama gleichmäßig. Ich fragte mich, ob sie wohl auch träumte, vielleicht vom Spiel mit anderen Kindern. Möglicherweise kam ja auch ich in ihrem Traum vor und beobachtete sie bewundernd, weil sie so süß war.

Ich blickte mich im Zimmer um. Der Anblick der vertrauten Gegenstände, die an der Wand hingen – Behälter, Töpfe, Ziegenhäute –, war ebenso beruhigend wie mein Traum und das Atmen meiner Tochter. Vielleicht waren es ja Zeichen dafür, dass ich am Leben bleiben würde. Ich schlief wieder ein.

Kurze Zeit darauf träumte ich denselben Traum noch einmal, und zwar in der Nacht vor einem bedeutsamen Ereignis für die Familie, einem Ereignis, das mich mit Freude erfüllte. Es kam völlig unerwartet, aber ich hatte es mir von ganzem Herzen gewünscht. Ich weiß noch, dass ich aufwachte und wieder einschlief, weil ich noch müde war. Auch Adama schlief noch. Als ich schließlich aufgestanden war und mich anzog, dachte ich über den Traum nach. »So viele positive Omen …« Der Gedanke machte mich fröhlich, aber das, was kurz darauf passierte, brachte mich zum Strahlen. Als ich in den Hof hinaustrat, sah ich, dass Mama viel mehr als sonst für das Mittagessen vorbereitete. Sie lächelte mir zu und platzte gleich mit den Neuigkeiten heraus. »Heute ist ein großer Tag, Safiya. Dein Bruder Muhammadu kommt heute!«

Ich wusste nicht, ob ich überrascht oder besorgt sein sollte. Muhammadu … Was wollte er denn noch hier? Schließlich hatte er mich angezeigt und dafür gesorgt, dass ich zum Tode verurteilt wurde … Nun, solange er unseren kostbaren Frieden nicht störte … Mamas Lächeln sagte mir, dass sein Besuch uns nicht gefährlich werden konnte, aber mir war es doch nicht ganz wohl bei dem Gedanken, meinen Bruder zu sehen. Sofort kam mir Adama in den Sinn: Es war besser, wenn Muhammadu sie zuerst sah. Suchend blickte ich mich nach ihr um. Ach ja, da saß sie ja und spielte wie gewöhnlich ruhig im Hof, den Mama eben erst gewischt hatte. Sie lächelte mich freundlich an, wie sie es immer tat, wenn sie wollte, dass ich zu ihr kam.

Ich trat auf sie zu, aber Mama hielt mich zurück. »Warte,

Safiya. Mach dir keine Sorgen. Muhammadu will sich entschuldigen. Was er getan hat, tut ihm Leid, und er will es wieder gutmachen. Heute früh war eins seiner Kinder da und hat uns gesagt, dass er zu Besuch käme. Und er kommt in friedlicher Absicht, um sich zu entschuldigen.«

Das war alles so unerwartet und überraschend. Ich dankte Allah, dass er Muhammadu wieder nach Hause zurückgebracht hatte – das war ein deutliches Zeichen seiner Güte mir gegenüber. Mein Traum fiel mir ein, und mir wurde klar, dass die Rückkehr meines Bruders ein weiteres Omen war. Vielleicht wollte Gott mir ja sagen, dass die Zeit des Leidens, der Schmerzen und der Verlassenheit vorüber war. Hoffentlich hatte ich alle Prüfungen bestanden, die Er mir auferlegt hatte.

Während die Sonne immer höher stieg, wartete ich immer ungeduldiger auf Muhammadus Erscheinen. Ich wollte ihn herzlich begrüßen und ihm zeigen, dass ich bereit war, ihm zu vergeben – dass ich ihm bereits vergeben hatte –, und nicht mehr viele Worte nötig waren. Alle zusammen und einander noch näher als zuvor, würden wir am gleichen Tisch sitzen und essen.

Ich war mit Adama im Hof, als plötzlich das Holztor hinter mir aufging. Ich drehte mich um, und da stand Muhammadu. Meine Mutter trat auf ihn zu und umarmte ihn, um ihm die Scheu zu nehmen.

Er erwiderte ihre Umarmung und küsste sie auf die Wangen. Er war dünner geworden, seit ich ihn das letzte Mal gesehen hatte. Seine Wangen waren hohl und sein Gesicht faltig, und mir wurde schlagartig klar, welche Gewissensbisse ihn geplagt haben mussten. Spontan ging ich auf ihn zu und umarmte ihn ebenfalls.

»Es tut mir Leid, Safiya«, murmelte er verlegen. »Die Gruppe, der ich angehörte, hat mich gedrängt, dich anzuzeigen. Sie wollen die Scharia stärken. Ich werde niemals wieder zu ihren Versammlungen gehen, niemals …«

»Schscht, ist schon gut. Komm jetzt …«, sagte ich zu ihm. Ich hielt ihn fest an der Hand und führte ihn zu Adama. Sie saß in einer Ecke des Hofes und blickte uns mit ihren großen schwarzen Augen an. Plötzlich begann sie, auf uns zuzukrabbeln. Ich hob sie hoch und küsste sie.

Muhammadus Augen wurden feucht, als er sie anschaute. Adama lächelte ihr fröhlichstes Lächeln, als ob sie verstünde, wie wichtig mir und uns allen der Besucher war.

»Das Kind der Sünde ist wunderschön, nicht wahr?«, fragte ich.

Muhammadu nickte und streichelte sie.

Meine Mutter kam und führte uns in das Zimmer, wo unser Vater auf uns wartete. Obwohl er mittlerweile völlig blind war, spürte er unsere Anwesenheit und erwiderte Muhammadus Begrüßung.

»Ich nehme an, ihr habt bereits miteinander gesprochen«, sagte er. »Es bleibt ja auch nicht mehr viel zu sagen. Gottes Wille ist erfüllt worden, er möchte uns alle wieder vereint sehen.«

»Vater, es tut mir aufrichtig Leid, dass ich Safiya angezeigt habe«, sagte Muhammadu. »Aber ohne sichtbare Taten bedeutet es nicht allzu viel, wenn man etwas bedauert. Ich bin gekommen, um dir meine Unterstützung bei den Kosten für den Anwalt und das Berufungsverfahren anzubieten.«

Das erfreute meinen Vater sichtlich. Er antwortete mit den traditionellen Worten jedes guten Moslems: »*Allah akbar!*«

Gepriesen sei Allah, wiederholte ich im Herzen, bevor ich es aussprach. Ja, Gott sei gepriesen und gedankt. Und an jenem Tag ganz besonders …

DREIZEHN

Die Welt muss es erfahren

Das Berufungsverfahren begann gegen Ende Oktober. Als ich in Sokoto war, ging ich zuerst in Imams Kanzlei. Von dort machten wir uns gemeinsam auf zum Gericht. Wie immer hatte ich Adama dabei. Ich wusste, dass unter rechtlichen Gesichtspunkten ihre Anwesenheit bedeutungslos war, aber unter menschlichen und moralischen Gesichtspunkten war sie meine Trumpfkarte.

Im Gerichtssaal war es relativ ruhig. Imam hatte mir in der Kanzlei erklärt, dass die Richter mir zwar keine Fragen stellen würden, meine Anwesenheit jedoch erforderlich sei, damit die Verhandlung beginnen könne. Er hatte mir auch mitgeteilt, dass die Richter in dieser Phase keine Erkenntnisse mehr sammeln mussten; jetzt hing alles nur noch davon ab, wie das Gesetz interpretiert wurde. Imam wollte meine Verteidigungsstrategie auf einer Formsache aufbauen.

Mir war klar, worauf er abzielte: Der Beweis meiner Schuld lag in meinen Armen. Adama war noch nicht einmal ein Jahr alt, und ich war schon seit fast drei Jahren geschieden. Welche neuen Erkenntnisse sollten da noch nötig sein?

Die Verhandlung dauerte eine halbe Stunde. Die Richter stellten lediglich meine Personalien fest und dass ich gegen meine Verurteilung Berufung einlegen wollte. Am Ende gaben sie meinem Gesuch statt.

Als Imam mich zum Bus brachte, erklärte er mir, er wolle meine Verteidigung auf einem Koranvers aufbauen, mit dem er die Richter in die Enge treiben konnte. Da es islamische Richter waren, die nach der Scharia Recht sprachen, konnten sie gegen eine überzeugende religiöse Argumentation nichts einwenden. Das einzige Problem bestand darin, dass Imam äußerst vorsichtig vorgehen musste, da die Richter das religiöse Gesetz genauso gut kannten und es nicht leicht werden würde, sie zu widerlegen.

»Aber machen Sie sich keine Sorgen, Safiya«, fügte er lächelnd hinzu. »Ich bin zuversichtlich. Es wäre nicht schlecht, wenn auch die Richter jemanden hätten, der ihre Interessen vertritt.«

Mit diesen Worten verabschiedete er sich von mir und tätschelte Adama die Wange. Und dieses Mal lächelte sie ihn an.

Während der Busfahrt dachte ich die ganze Zeit über Imams Worte nach. Wenn die Richter auch jemanden hätten, der ihre Interessen vertritt... Was hatte er damit gemeint? Auf jeden Fall kam ich zu dem Schluss, dass ich besser auf nichts Gutes hoffte. Wen kümmerte schon die Notlage einer armen Frau aus einem entlegenen Dorf im afrikanischen Busch?

Bei Sonnenuntergang kamen wir in Tungar Tudu an. Das Leben ging seinen üblichen Gang: Ich machte die Hausarbeit, kümmerte mich um Adama und Aisha, dachte viel nach und wartete. Mir war klar, dass der Prozess monatelang dauern konnte, während Imam und die Richter sich in gelehrten Erörterungen religiöser und rechtlicher Themen ergingen.

Ab und zu brachte mir jemand aus dem Dorf, der in Sokoto gewesen war, Nachrichten von Imam. Er hielt mich auf dem Laufenden über das, was bei Gericht passierte, wie sich die Richter verhielten und für wann die nächste Verhandlung angesetzt war. Am besten gefiel mir, dass Imams Botschaften immer so beruhigend klangen. »Ich bin immer noch zuversichtlich, dass wir zu einem günstigen Urteilsspruch kommen«, pflegte er zu sagen. Und diese Worte waren so wichtig für mich.

Eines Morgens kam der Wendepunkt. Mein Vater rief mich in sein Zimmer, ergriff meine Hand und sagte, er habe eine ungewöhnliche Anfrage erhalten.

»Ein Mann, der in Abuja arbeitet, ist hier und möchte mit dir sprechen, Safiya.«

Ein Mann war extra wegen mir aus der Hauptstadt gekommen? Das war sicher jemand, den Imam geschickt hatte, damit er ihm Informationen für den Prozess übermittelte, oder vielleicht auch jemand, der »die Interessen der Richter vertrat«. Ich willigte ein, ihn zu empfangen.

»Wenn es dir recht ist, Vater, ist es mir auch recht.«

»Warte, Safiya, ich muss dir noch etwas sagen. Der Mann ist Reporter bei der BBC, und er möchte dich interviewen. Viele Leute werden erfahren, was du ihm sagst.«

Nein, unter diesen Umständen wollte ich nicht mit ihm sprechen. »Nein, Vater. Ich will nicht, dass noch mehr Fremde meine Geschichte hören. Es war schon demütigend genug, sie in Sokoto vor dem gesamten Dorf und dem Gericht auszubreiten. Im Moment bin ich glücklich, und dieses Interview könnte alles wieder durcheinander bringen. Ich möchte nicht, dass alle von mir und dem, was ich durchgemacht habe, erfahren. Wir könnten unseren Frieden verlieren. Nein, ich will nicht mit ihm sprechen.«

Ich dachte, mein Vater würde mir zustimmen, zu meiner Überraschung erwiderte er jedoch: »Safiya, du solltest deine Entscheidungen nie übereilt treffen. Mit dieser Person zu sprechen, könnte nützlich für den Prozess sein. Wir sollten

Imam fragen, was er davon hält. Er wird schon wissen, was wir tun sollen.«

Ich akzeptierte den Rat meines Vaters. An jenem Abend baten wir eine Frau aus dem Dorf, die am nächsten Tag nach Sokoto fuhr, Imam eine Nachricht zu überbringen. Bei Sonnenuntergang kehrte sie mit seiner Antwort zurück.

»Ja, Safiya muss auf jeden Fall mit dem Reporter sprechen und ihm alles erzählen. Es ist ihre Chance, die Öffentlichkeit über den schrecklichen Tod zu informieren, der sie erwartet. Für den Prozess ist es nützlich.«

Das war genau die Antwort, auf die ich nicht gehofft hatte. Wieder einmal würde ich all das erzählen müssen, an das ich mich lieber nicht mehr erinnerte. Ich befand mich in einer Phase meines Lebens, in der ich eigentlich nur nach vorne schauen wollte, aber dieser Mann verlangte von mir, zurückzublicken und alte, noch nicht verheilte Wunden wieder aufzureißen. Ich hatte ja keine Ahnung, dass unser Interview einer der wichtigsten Schritte zu meiner Rettung und Befreiung werden würde.

Früh am Morgen stand Sani Umar – das war der Name des Reporters – vor unserer Tür. Mein Vater empfing ihn direkt nach seinen Gebeten.

Ich war gerade unterwegs, und schon am Eingang zum Dorf erwartete mich eine aufgeregte Kinderschar, um mir mitzuteilen, dass der Reporter eingetroffen sei.

Ich ging sofort in den Hof, und da saß er mit meinem Vater. Es war ein Mann um die vierzig. Wie ich stammte er aus Nordnigeria. Er erzählte mir, er habe in Lagos studiert und arbeite für die BBC. Er hatte einen offenen Blick und wirkte sehr nett. Am meisten jedoch überraschte mich sein Verhalten: Er blickte mir während des Sprechens direkt ins Gesicht, etwas, das bisher nur Imam getan hatte. Dies verstieß gegen die islamische Sitte, nach der Frauen in der Öffentlichkeit die Augen niederschlagen und andere Leute für sich sprechen lassen müssen. Sani jedoch redete mich mit meinem Namen an, und sein Verhalten wirkte so natürlich, dass ich es nicht als Beleidigung empfand. Auch meine Eltern, die bei unserem Gespräch dabei waren, schienen nicht verärgert zu sein.

Bevor er mit dem Interview begann, erklärte Sani Umar, dass das, was ich ihm erzählen wollte, in der ganzen Welt übertragen werden würde. Das sei positiv, meinte er. Dann schwieg er einen Moment lang, blickte mich an und sagte: »Safiya, wenn die Öffentlichkeit erfährt, was Sie Entsetzliches durchgemacht haben, werden die Richter des Berufungsverfahrens unter großem internationalem Druck stehen. Steinigung ist eine unmenschliche Sitte und völlig unangemessen für ein kleines Vergehen, das eine naive Frau aus dem Dorf begangen hat. Dieses Interview wird Ihnen helfen, das werden Sie sehen. Und denken Sie daran, ich bin kein Richter, Sie können entscheiden, was Sie sagen und was Sie für sich behalten wollen. Ich werde Sie nicht bedrängen, das verspreche ich Ihnen. Sie sagen mir nur das, was Sie sagen wollen.«

Er hatte mich überzeugt. Es gab eine Welt außerhalb des Dorfes, des Busches, Sokoto. Eine ganz andere Welt, in der andere Menschen lebten – Menschen, die mir helfen konnten, obwohl sie mich nicht kannten. Und langsam kam mir zu Bewusstsein, dass Imam wohl das gemeint hatte, als er gesagt hatte, es wäre nützlich, wenn auch die Richter jemanden hätten, der ihre Interessen vertrat. Eine Welt, die schockiert über meine Verurteilung war, konnte die Richter natürlich weitaus mehr beeinflussen als das winzige, unschuldige Gesicht meiner kleinen Adama, die Trumpfkarte, auf die ich in meiner Naivität gesetzt hatte. Zum ersten Mal wurde mir klar, dass mein persönliches Schicksal ein öffentliches Spiel geworden war, in dem Richter und Politiker die Hauptrollen spielten.

Bis zum Sonnenuntergang saß ich mit Sani Umar im Hof und redete mit ihm. Es überraschte mich, wie leicht es mir fiel, ihm mein Herz auszuschütten. Ich erzählte ihm alles, jedes einzelne Detail, und ich schämte mich überhaupt nicht. Ich vertraute ihm sogar Dinge an, die ich eigentlich für mich hatte behalten wollen. Als ich fertig war, dankte er mir und versicherte mir, er würde sorgsam mit meinen Worten umgehen. An der Tür drehte er sich noch einmal um und lächelte. »Ich bin mir sicher, Sie werden freigesprochen, Safiya.«

Ich blickte ihm nach und spürte, wie mich Optimismus erfüllte. Auf einmal ertönte eine helle Stimme hinter mir.

»Mama, komm!«

Ich drehte mich um. Mit einem strahlenden Gesicht stand Adama da und streckte mir ihre Ärmchen entgegen. Und ich konnte ihr Lächeln erwidern, weil Sanis Worte es mir ins Herz gepflanzt hatten.

Ich lief zu ihr, nahm sie in die Arme und drückte sie fest an mich. »Wir schaffen es, mein Liebling. Wir werden es schaffen, du wirst sehen!«

VIERZEHN

In Sicherheit

Da ich an den Verhandlungen nicht teilnahm, hielt Imam mich über den Prozessverlauf auf dem Laufenden. Er teilte mir mit, dass die Richter über rechtliche und religiöse Themen diskutierten und sogar den Rat von Fachleuten eingeholt hätten. Das Ergebnis ihrer Diskussionen wurde im Gerichtssaal verkündet und protokolliert. Wenn es nötig war, konsultierten Imam und die Richter danach weitere Experten.

Aus der Ferne empfand ich es so, als stünde mehr als das Leben einer Frau auf dem Spiel. Imam und Sani Umar hatten es auf den Punkt gebracht: Mein Fall war ein Politikum geworden.

Es war alles sehr irritierend. Mir wäre es lieber gewesen, wenn sich das Verfahren auf das Wichtigste konzentriert hätte: Konnte ich schuldig sein, meine kleine Adama zu haben? War es richtig, eine Frau zu Tode steinigen zu wollen, nur weil sie an das Versprechen eines Mannes, sie zu heiraten, geglaubt hatte? Wollten Allah und sein Prophet Mohammed das wirklich?

Jeden Tag wartete ich auf Imams Nachrichten. Und schließlich bat er mich eines Tages, zu ihm zu kommen, weil er mir etwas Wichtiges mitzuteilen habe. Es war seltsam: Normalerweise rief er mich nur nach Sokoto, wenn ich bei einer Verhandlung dabei sein musste. Vielleicht war ja das Urteil schon gefällt worden, und alles hatte eine Wendung zum Schlimmeren genommen. Vielleicht ...

Voller Zweifel fuhr ich am nächsten Tag nach Sokoto. Imam begrüßte mich mit einem strahlenden Lächeln, das mir Mut machte. Jetzt wusste ich, dass er gute Nachrichten für mich hatte. Ich setzte mich, und er zeigte mir einen Stapel ausländischer Zeitungen. Ich kann westliche Buchstaben nicht entziffern, aber ich kann meinen Namen erkennen, und ganz offensichtlich stand in den Zeitungen etwas über mich. Ich konnte es kaum glauben, als Imam mir sagte, sie kämen aus Europa, den Vereinigten Staaten und anderen afrikanischen Ländern.

»Steht darin, dass ich nicht schuldig bin?«, fragte ich ihn.

»Nein, Safiya. Sie sind noch nicht freigesprochen, aber diese Zeitungen markieren einen wichtigen Wendepunkt für Sie. Die ganze Welt hat von Ihnen und der Ungerechtigkeit, die Sie erleiden sollen, erfahren, und alle protestieren und möchten Sie retten.«

Die ganze Welt wollte mich retten? Ich war fassungslos. Es war doch unmöglich, dass jemand sich so viele Gedanken über mein Leid machte, dass er darüber in der Zeitung schrieb. Bis dahin hatte ich vom Leben außerhalb unseres Dorfes nicht viel mitbekommen, und ich hatte auch kein Interesse daran gehabt. Für mich war selbst Sokoto weit entfernt.

Südnigeria war sogar noch ferner, beinahe schon Ausland. Während meiner dritten Ehe hatte ich kurz dort gelebt. Aber weiter als bis über diese Grenzen hinaus reichte meine Vorstellungskraft nicht, obwohl ich natürlich wusste, dass es reiche, hoch entwickelte Länder gab, in denen Weiße lebten, denen wir arme Bauern und Buschleute gleichgültig waren.

Jetzt jedoch schienen sich diese Menschen um mich zu sorgen. Warum nur? Ich konnte es nicht verstehen, aber wenn Imam sich darüber freute, musste ich sicher dankbar dafür sein.

Ich bat ihn, mir zu erzählen, was in den Zeitungen stand, und ich war gerührt, als er die Artikel für mich übersetzte. Diese Menschen machten sich sogar Sorgen um Adama, nicht nur um mich. In einem dieser Artikel stand, dass mein Liebling ohne Mutter aufwachsen müsse, wenn ich zu Tode gesteinigt würde. Es ginge nicht nur um ein Todesurteil gegen eine unschuldige Frau, sondern zwei Menschenleben würden zerstört. Mir traten die Tränen in die Augen. »Ja, ja, so ist es. Genau das wollte ich während der Verhandlungen sagen, aber ich habe die richtigen Worte nicht gefunden. Diese Leute sprechen für mich, sie geben meinem Herzen eine Stimme!« Diese Fremden wussten, wer ich war, und sie wollten, dass ich am Leben blieb. Am liebsten hätte ich jedem Einzelnen gedankt, dabei konnte ich mir noch nicht einmal vorstellen, wer sie waren und wie sie lebten.

Imam strahlte vor Glück. Er erklärte mir, jetzt würde alles leichter werden, und die Richter würden sich hüten, die Todesstrafe aufrechtzuerhalten. Alles war so beruhigend, so klar … bis auf eins. »Imam, wie hat denn die Welt von mir erfahren?«

Er lächelte. »Das liegt an Ihrem Interview mit Sani Umar, dem BBC-Reporter, mit dem Sie zuerst nicht sprechen wollten, Safiya. Er war der Erste, der von Ihrer schlimmen Lage berichtet hat.«

Sani … der nette, lächelnde junge Mann. Ich sah ihn vor mir, wie er durch unser Hoftor ging und sagte, ich würde sicher freigesprochen. Wenn ich ihn wiedersah, würde ich ihn stellvertretend für alle Menschen auf der Welt, die gegen meine Verurteilung zum Tode protestierten, umarmen. Aber Sani war leider nicht da, und ob ich ihn jemals wiedersehen würde, war fraglich.

Imam umarmte mich. »Es sieht gut aus, Safiya. Gehen Sie nach Hause und genießen Sie Ihren Sieg. Erzählen Sie es Ihren Eltern, vor allem Ihrem Vater. Er hat so viel für Sie gebetet!«

Völlig durcheinander saß ich im Kleinbus, der mich nach Hause brachte. Es war peinlich und schön zugleich, dass die Augen der ganzen Welt auf mich gerichtet waren.

Alles war so seltsam... Die ganze Welt wusste von Safiya Hussaini Tungar Tudu, einer armen Frau aus einem abgelegenen Dorf im nigerianischen Busch. Ich war berühmt, aber die Leute, die mit mir im Bus saßen, wussten nichts davon. Ich war eine von ihnen, und sie waren wie ich; sie lasen keine Zeitung und hatten keine Ahnung von der Welt außerhalb. Ihr Horizont endete mit ihrem Dorf, ihrer Ziegen- oder Kamelherde und dem Busch. Ich blickte mich um. Sie saßen im Bus und hingen ihren eigenen Gedanken nach.

Zwei Frauen unterhielten sich; eine Mutter wiegte ihr schreiendes Baby. Es war normal für sie, dass sie nichts von mir wussten, sie hatten andere Sorgen. Ein anderer Gedanke ging mir durch den Kopf. Ich war den Menschen, die hinter mir standen, nie begegnet, aber mein Volk, die Leute hier im Bus oder in meinem Dorf, hatten nicht einmal im Traum daran gedacht, gegen meine Verurteilung zu protestieren. Das machte mich traurig, aber ich nahm es ihnen nicht übel; ich war einfach nur Allah für das, was geschah, dankbar. Ich spürte, wie ich mich veränderte, weil mir klar wurde, wie eng das, was in Sokoto oder den Dörfern im Busch geschah, mit der Welt verbunden war. Und ich sagte mir, wenn mein Urteilsspruch günstig ausfiele, dann hätte das vielleicht auch Auswirkungen auf andere Frauen in meiner Situation.

Das war ein weiterer Grund zu kämpfen. Außerdem war ich jetzt sicher, dass sogar Allah auf meiner Seite stand. Was in den letzten Wochen passiert war, war kein Zufall, sondern ein Zeichen göttlichen Willens. Die Prüfungen, die mir auferlegt worden waren, bekamen eine neue Bedeutung, und ich war stolz, sie überwunden zu haben. Natürlich konnte immer noch alles Mögliche passieren – ich konnte immer noch zum Tode durch Steinigen verurteilt werden –, aber es war unwahrscheinlicher geworden. Und wenn ich wirklich getötet würde, dann würde die ganze Welt empört aufschreien, so dass ich noch durch meinen Tod irgendwie siegen würde. Nur für Adama wäre es dann schlimm, dachte ich traurig. Adama, das verletzliche kleine Geschöpf, würde dann ihres Rechts beraubt, ihre Mutter bei sich zu haben.

In Tungar Tudu warteten meine Eltern schon besorgt auf meine Rückkehr. Während des Essens fragten sie mich, was ich erfahren hatte. Ich erzählte ihnen von dem Gespräch mit Imam, den ausländischen Zeitungen und der unglaublichen Anteilnahme an meinem Fall, die Sani Umar hervorgerufen hatte. Ich erklärte ihnen, wie ich mich fühlte, und versuchte ihnen zu vermitteln, worüber ich auf der Fahrt im Kleinbus nachgedacht hatte, aber es war wohl schwer für sie nachzuvollziehen, was wirklich in mir vorging. Sie waren zufrieden damit, dass es mir gut ging. Bevor ich schlafen ging, fasste mein Vater die Ereignisse des Tages zusammen: »Allah hat seine Gründe, wenn er will, dass dies geschieht. Wir sind nur seine treuen Diener. *Inschallah*!«

Das Leben ging weiter seinen Gang, nur eins wurde anders: Immer mehr Reporter aus der ganzen Welt strömten nach Tungar Tudu. Alle wollten mit mir sprechen, meine Geschichte hören und erfahren, was ich empfand. Imam hatte mich vorgewarnt und mir geraten, mich entgegenkommend zu verhalten, weil es wichtig war, meinen Fall so vielen Menschen wie möglich zu schildern. Also ließ ich alle zu mir nach Hause kommen und beantwortete ihre Fragen.

Die Reporter boten mir Geld an, was ich dankbar annahm. Die Kosten für das Verfahren und meine häufigen Fahrten nach Sokoto belasteten die Familienkasse bereits über Gebühr, und mit diesem Geld konnte ich Adama ein wenig verwöhnen und ihr ausreichend zu essen geben. Außerdem brauchte ich mich so nicht mehr auf die Großzügigkeit meiner Tanten und Onkel zu stützen.

Von den vielen Reportern, die mich besuchen kamen, ist mir einer, ein junger blonder Deutscher, am lebhaftesten in Erinnerung geblieben. Er kam mit einem Dolmetscher, der sowohl Englisch als auch Hausa, meine Sprache, beherrschte, aus Sokoto. Der deutsche Reporter erklärte mir, er sei nicht gekommen, um mich zu interviewen, er wolle mir lediglich seine Sympathie und die vieler anderer Deutscher übermitteln. Er blieb zum Essen und verstand sich prächtig mit Adama, die sich mittlerweile an all die fremden Menschen, die zu Besuch kamen, gewöhnt hatte. Fröhlich ließ sie sich von ihm auf den Arm nehmen und wollte sogar mit ihm spielen. Als er gehen musste, brach sie in Tränen aus. Der Reporter gab ihr Süßigkeiten und versprach, ihr beim nächsten Mal noch mehr mitzubringen.

In jenen Monaten waren die Reporter und ich die Hauptattraktion im sonst eher monotonen Leben in Tungar Tudu. Das ganze Dorf lebte auf, wenn ich Besuch bekam. Die Kinder führten die Reporter zu meinem Haus und warteten vor dem Gartentor, bis sie wieder gingen. Die Dorfbewohner waren auch ganz versessen darauf, mir Nachrichten von Imam zu bringen, als ob sie dadurch an diesem weltweiten Ereignis ebenfalls teilhätten.

Die Aufregungen spornten die Dorfbewohner an, mich zu unterstützen, etwas, das ich mir früher gewünscht hätte. Aber ich konnte sie verstehen. Menschen, die in einem Dorf wie Tungar Tudu mitten im Busch leben, sind den traditionellen Regeln, die seit Jahrhunderten gelten, sehr verhaftet, und niemand käme auf die Idee, sie in Frage zu stellen.

Als jedoch jetzt Menschen aus fernen Ländern zu uns kamen, um mich zu besuchen, sahen die Leute aus dem Dorf, dass völlig Fremde mich retten wollten. Die Frauen waren die Ersten, die ihren Gefühlen Ausdruck verliehen, und zu meiner großen Überraschung taten sie es oft ohne Rücksicht darauf, was ihre Männer dachten.

Eine der Ersten, die mir ohne viele Worte ihre Unterstützung anbot, war Fatima. Ihre Geste berührte mich tief. Fatima war eine der alten Frauen aus dem Dorf, die ich schon als kleines Mädchen morgens am Brunnen getroffen hatte, wenn ich dort Wasser holte. Eines Tages stand sie auf einmal vor der Tür, mit einem Kuchen für Adama. Sie gab keinen Grund für ihren Besuch an, aber Mama bat sie ins Haus. Wir hatten sie nicht um Hilfe gebeten, und auch den Kuchen hatte sie aus freien Stücken gebacken.

Mama rief mich, weil Fatima sagte, sie wolle mit mir sprechen. Zuerst wusste Fatima nicht so recht, was sie sagen sollte, aber schließlich überwand sie sich. »Safiya«, sagte sie, »ich finde keine Worte, um dir zu erklären, warum ich hierher gekommen bin und mit dir sprechen möchte. Vielleicht hat mich Allah ja in euer Haus geführt. Ich kenne dich schon seit deiner frühesten Kindheit, und ich bin sicher, dass deine Seele rein ist und Allah und sein Prophet nicht wollen, dass du getötet wirst. Ich bin Gottes ergebene Dienerin, und ich möchte dir sagen, dass du in meinen Gedanken bist. Ich weiß nicht, was ich für dich tun oder wie ich dir helfen kann, aber du sollst wissen, dass ich dich nicht verurteile. Was dir geschehen ist, hätte auch mir zustoßen können, als ich jung war. Es hätte jeder Frau aus Tungar Tudu oder aus der ganzen Umgebung geschehen können.« Sie schwieg einen Moment, und ich blickte sie gerührt an.

So sprach eine alte Frau zu mir, einer jüngeren, unverheirateten Frau, die nach unseren traditionellen Regeln eine Ehebrecherin war und gegen das Gesetz des Propheten verstoßen hatte. Mit Tränen in den Augen umarmte ich sie. Ich vergrub mein Gesicht an ihrer Schulter und schlang die Arme um sie. Überrascht erwiderte sie meine Umarmung. Anscheinend hatte sie nicht das Gefühl, etwas Besonderes getan zu haben.

Fatima brachte zum Ausdruck, wie anders und einfach mein Volk mit dem Leben umgeht. Sie hatte das Bedürfnis empfunden, mich zu unterstützen, und hatte es einfach getan, ohne weiter darüber nachzudenken. Als wir die allgemeine Rührung überwunden hatten, machten wir uns über den Kuchen her, den sie mitgebracht hatte.

Fatimas Geste war nur klein und scheinbar unbedeutend, aber sie war für mich genauso wichtig wie meine Begegnung mit Imam und Sani Umar. Und sie ließ ihren Worten Taten folgen. In den nächsten Tagen sprach sie jeden darauf an, und ich erfuhr sogar, dass ihr Besuch zu einem Streit in ihrer Familie geführt hatte.

Nach Fatima besuchten mich noch zahlreiche andere Frauen aus dem Dorf. Alle wollten sie mir helfen, und diejenigen, deren Familien größere Rinderherden besaßen, boten mir sogar finanzielle Unterstützung an. Allerdings brauchte ich kein Geld mehr, da die Reporter, die zu Besuch kamen, äußerst großzügig waren. Aber ihre Angebote bedeuteten mir sehr viel; es war ein Zeichen dafür, dass das gesamte Dorf hinter mir stand.

Lange Zeit hatte ich mich wie eine Aussätzige gefühlt. Jetzt jedoch war ich Safiya, und ich war stolz darauf, den Namen meines Dorfes zu tragen, Tungar Tudu. Ich kämpfte um mein Leben und erfüllte meine Pflicht als Mutter, so wie Allah es von mir erwartete.

Die Frauen taten in jener Zeit so viel für mich, und vielleicht drang das ja bis nach Sokoto. Eines Tages klopften jedenfalls zwei alte Frauen aus der Stadt an meine Tür. Sie sagten, sie seien Mitglieder einer Vereinigung, die unverheirateten oder verwitweten Frauen in Sokoto half. Sie wollten wissen, ob ich etwas bräuchte, und sagten mir, sie könnten mich mit Anwältinnen zusammenbringen, die sich in islamischem Recht auskannten. Ich erwiderte, dass Imam mich bereits verteidigen würde, aber sie meinten, die Anwältinnen könnten Imam ja entlasten, indem sie sich um die kleineren Probleme des Verfahrens kümmerten.

Ich habe nur gute Erinnerungen an diese Frauen, sie waren wie Freundinnen für mich. Sie nahmen sich all der Dinge an, die normalerweise gar nicht erwähnt werden, weil sie nur am Rande mit dem Verfahren zu tun haben. Sie verschafften mir Aufträge, Matten zu flechten, und fanden einen Ladenbesitzer in Sokoto, der sie mir abkaufte.

Sie machten mir auch klar, dass niemand einer anderen Frau, die in die gleiche Lage geriet wie ich, besser helfen konnte als ich. Es freute mich, dass ich anderen Frauen beistehen konnte, ebenso wie es mich freute, dass ich durch das Flechten der Matten zum Familieneinkommen beitrug.

Imam schickte Woche für Woche mehr Nachrichten. Das Verfahren neigte sich dem Ende zu. Die Richter waren durch den internationalen Protest in schwere Bedrängnis geraten, und es sah so aus, als wäre es ihnen lieber, kein Urteil über mich fällen zu müssen, weil sie sich zwischen zwei Fronten sahen. Auf der einen Seite standen die Politiker, die sich jedem Fortschritt widersetzten. Sie waren islamische Fundamentalisten und wollten, dass ich zu Tode gesteinigt wurde, weil der Islam es so befahl. Sie sagten, Sokoto sei schon immer eine moslemische Region gewesen, und die Scharia zu stärken sei nur eine natürliche Konsequenz der religiösen Gefühle der Menschen.

Andererseits gab es aber auch die fortschrittlicheren Politiker. Sie wollten, dass ich freigesprochen wurde, und waren entschlossen, die Bundesländer im Norden nicht gegen den Willen der Regierung in Abuja dem Islam in die Hände fallen zu lassen. Sie erklärten, wenn ich zu Tode gesteinigt würde, dann würde Nigeria von der ganzen Welt geächtet werden. Das Land riskierte die Isolation, und Imam meinte, der internationale Protest sei ein Beweis dafür.

Ich war eigentlich nur ein Unterpfand. Zwar war ich ein Mensch aus Fleisch und Blut, der das Recht hatte zu leben, aber trotzdem nur ein Unterpfand. Es irritierte mich, dass die Politik wichtiger war als diese Tatsache, aber so war es eben. Ich konnte mir nur immer wieder vorsagen, dass Allah – der Gott, in dessen Namen die Richter angeblich handelten – mich schon für das richten würde, was ich war, und nicht für das, wofür ich stand. In dieser Zeit wuchs mein Glaube, und meine Beziehung zu meinem Vater, seinen religiösen Prinzipien und seinem unerschütterlichen Glauben an Gott wurde enger.

Schließlich kam die letzte, entscheidende Verhandlung, und meine Anwesenheit war erforderlich. Imam bat mich, einen Tag vorher in seine Kanzlei zu kommen. Dort erläuterte er mir seine Verteidigungsstrategie. Es lag auf der Hand, dass er die Richter nur mit einem unwiderlegbaren religiösen Argument umstimmen konnte, denn nur so konnten die Richter mich freisprechen, ohne die islamischen Fundamentalisten vor den Kopf zu stoßen.

»Wie ich Ihnen bereits gesagt habe, Safiya«, erklärte Imam, »habe ich den Koran studiert, um etwas zu finden, das uns helfen könnte. Und schließlich habe ich es gefunden. Es gibt eine *sura*, in der der Prophet Mohammed erklärt, der männliche Samen könne bis zu drei Jahre im weiblichen Leib schlafen, ehe er das weibliche Ei befruchtet und ein Kind zeugt.«

Er hielt inne, um sich zu vergewissern, dass ich ihm folgen konnte. Als ich nickte, fuhr er fort: »So sagt der Prophet Mohammed, und so steht es im Koran. Es ist nicht zu widerlegen.« Er hatte das Heilige Buch an der betreffenden Stelle aufgeschlagen und zeigte mir die Sure.

»Wenn wir davon ausgehen, Safiya, so bedeutet das, dass Adama nicht Ihrer Verbindung mit Yakubu entsprungen ist, sondern vom Samen Ihres letzten Ehemannes stammt. Sie sind vor drei Jahren geschieden worden, so dass auch der Zeitpunkt stimmt. Natürlich können wir es nicht beweisen, aber das kann auch niemand anderer, und diese *sura* ist nicht zu widerlegen.«

Imam setzte sich und überflog die Sure noch einmal. Dann blickte er mich an.

»Safiya, dieses Argument werde ich den Richtern morgen präsentieren, aber dazu brauche ich Ihre Erlaubnis.«

»Sie haben sie.«

Ich stimmte bedenkenlos zu, warum hätte ich auch mit Imam diskutieren sollen? Das wäre doch nur Haarspalterei gewesen. Ich hätte alles getan, um der Angst und dem Zweifel endlich ein Ende zu setzen. Mir ging es nur noch um meine persönliche Beziehung zu Allah, und mittlerweile war ich mir absolut sicher, dass ich nicht schuldig war.

Am nächsten Tag drängten sich Scharen von Reportern im Gerichtssaal.

Der Staatsanwalt trat als Erster auf.

»Safiya Hussaini Tungar Tudu muss verurteilt werden, weil sie die religiösen Voraussetzungen und die Moral unseres Volkes verletzt hat. Wenn sie freigesprochen wird, bedeutet dies einen Verfall der Sitten, der mit dem Islam, dem das Volk in Sokoto angehört, nicht zu vereinbaren ist.«

Dann war Imam an der Reihe. Er sprach lange und unterbreitete dem Gericht seine Argumentation, die auf der *sura* beruhte. Ich lauschte ihm aufmerksam, aber irgendwann schweiften meine Gedanken ab und glitten in die Vergangenheit. Ich sah mich selbst als kleines Mädchen in der Koranschule, ich sah meine Eltern als junges Paar, ich sah Muhammadu, den mutwilligen, unruhigen kleinen Jungen. Der Gedanke an meinen Bruder brachte mich wieder in die Gegenwart zurück, und ich drehte mich um, um ihn in der Menge zu entdecken. Ja, da hinten stand er. Ernst lauschte er Imams Vortrag.

Ich dachte daran, wie er mich verraten und wie sehr er es bereut hatte und wie viel Zuneigung ich jetzt für ihn empfand. In diesem Moment beendete Imam seine Rede.

Im Gerichtssaal herrschte Schweigen. Der ältere Richter erhob sich, erklärte die Sitzung für geschlossen und verkündete, das Gericht werde jetzt über das endgültige Urteil beraten.

Strahlend vor Freude trat Imam auf mich zu. Er war voller Optimismus. Es könne allerdings sein, sagte er, dass das Gericht sich jetzt für lange Zeit zurückziehe.

»Es hat keinen Zweck, heute hier auf das Urteil zu warten. Ich fahre Sie nach Tungar Tudu«, meinte er.

Mein Vater wartete schon ungeduldig auf mich. Als er spürte, dass wir da waren, kam er zum Hoftor. Imam redete als Erster mit ihm. Er wusste, dass mein Vater den Koran sehr gut kannte, und wollte ihm unbedingt seine Verteidigungsstrategie vortragen. Mein Vater führte Imam in sein Zimmer, wo sie sich hinsetzten. Ich brachte ihnen Tee und ging dann wieder.

Als Imam sich später verabschiedete, begleitete ich ihn zum Tor, und wir verabredeten, uns wieder zu treffen, wenn das Urteil verkündet wurde. Er wiederholte noch einmal, dass es Tage dauern könnte, aber genau in diesem Augenblick hörte ich jemanden meinen Namen rufen.

»Safiya! Safiya!«

»Da ist sie ja! Komm, beeil dich!«

Die übliche Kinderschar kam mit einer Gruppe von Fotografen und Reportern auf uns zugerannt. Imam fragte sie, warum sie gekommen seien, und ihre Antwort war das Wundervollste, was ich je gehört hatte.

»Das Urteil! Vor ein paar Stunden haben sie es verkündet! Safiya ist für nicht schuldig erklärt worden!«

Nicht schuldig… Nicht schuldig… Ich hatte nicht damit gerechnet, das so schnell und auf diese Weise zu erfahren, und einen Moment lang stand ich bewegungslos da. Ich brachte keinen Ton heraus. Und dann begriff ich es. Nicht schuldig… Frei! Gerettet! Ich war in Sicherheit! Alles war vorbei! Ich brach in Tränen der Freude und Rührung aus, und Imam schlang entzückt die Arme um mich.

»Wir haben es geschafft! Wir haben gewonnen, Safiya!«

Die Fotografen drängten sich um uns, und die Reporter überschütteten mich mit Fragen, weil sie wissen wollten, was jetzt in mir vorging. »Wie fühlen Sie sich, Safiya?« »Haben Sie damit gerechnet?« »Freuen Sie sich?« »Was werden Sie jetzt machen?«

In der Zwischenzeit war die Neuigkeit auch bis ins Haus gedrungen. Durch einen Tränenschleier sah ich meine Eltern auf mich zukommen. Mein Vater umarmte mich, und es rührte mich zutiefst, dass auch er weinte. Meine Mutter nahm mich ebenfalls in den Arm und drückte mich – aus purer Erleichterung – viel zu fest an sich.

»Ich bin gerettet, Mama! Sie werden mir nichts mehr tun!«

Ja, jetzt war ich in Sicherheit. Niemand würde mich mehr von Adama trennen.

Adama! Wo war Adama? Suchend blickte ich mich um. Dort stand sie, ganz allein. Ich lief zu ihr und nahm sie auf den Arm. Sie hatte ihre großen schwarzen Augen aufgerissen und drückte einen Finger an die Lippen. Unschlüssig blickte sie sich um. Sie verstand nicht ganz, was los war. Ich überschüttete ihr Gesichtchen mit Küssen und erklärte es ihr. »Wir freuen uns für dich, mein Schatz, denn von heute an wird deine Mama immer bei dir sein!«

FÜNFZEHN

Rom und die Welt

Nachdem ich freigesprochen war, tauchten immer mehr Reporter in Tungar Tudu auf. Sie kamen aus Nigeria und anderen afrikanischen Ländern, aus Europa und aus den Vereinigten Staaten. Ich hieß sie alle willkommen, und nachdem ich meine Geschichte zahllose Male erzählt hatte, begann ich mich zu fragen, ob eigentlich alles wirklich geschehen war.

Aber natürlich war es geschehen, und mir stand eine weite Reise bevor. Eines Tages wurde mir der Besuch wichtiger Leute aus Abuja angekündigt. Drei Männer kamen und sprachen höflich zuerst mit meinem Vater, bevor sie mich begrüßten. Sie gingen mit ihm in sein Zimmer, und ich brachte ihnen etwas zu essen und zu trinken. Als ich mich zum Gehen wandte, hielt mein Vater mich zurück. »Bleib hier, Safiya. Unsere Gäste möchten dir einen Vorschlag machen.«

Die drei Männer lächelten mich an. Sie warteten, bis ich mich gesetzt hatte, dann fragte einer, wie es Adama ginge.

»Es geht ihr gut, danke«, erwiderte ich und zeigte auf sie. Sie spielte gerade im Garten. Die Männer lächelten wieder, und dann erklärten sie mir, weshalb sie nach Tungar Tudu gekommen waren.

»Die ganze Welt kennt dich jetzt, Safiya. Jeden Tag kommen Menschen hierher, um dich zu besuchen und zu interviewen. Du aber bist nie von hier weggekommen. Jetzt jedoch bist du ins Ausland eingeladen worden. Eine italienische Organisation, die deinen Fall verfolgt hat, möchte, dass du zu ihnen in ihr Land kommst. Sie möchten die Frau kennen lernen, die internationaler Protest vor dem Tod durch Steinigung bewahrt hat.«

Unzählige Fragen gingen mir durch den Kopf. Wo war Italien? Wie sollte ich dorthin kommen? Wie lange würde es dauern? Konnte Adama mit mir kommen? Was sollte ich anziehen? Musste ich alleine reisen? Und was sollte ich überhaupt dort machen? Wer würde mir helfen? Wie waren die Menschen dort? Was taten sie? Wie lebten sie?

Unzählige Fragen, aber ich stellte keine einzige davon. Ich erwiderte einfach nur, dass ich bereit sei zu fahren, wenn mein Vater nichts dagegen hätte.

Imam versuchte, allerdings ohne jeden Erfolg, die örtlichen Behörden zu überreden, mir die für die Reise notwendigen Papiere auszustellen. Da wusste ich noch nicht, dass Allah dafür sorgen würde, dass Imam mich nach Rom begleitete.

Innerhalb weniger Tage war die Reise geplant. Man sagte mir, ich würde mit den drei Besuchern und meinem Bruder in die Hauptstadt, nach Abuja, fahren. Dort würden mir die Papiere ausgehändigt, mit denen ich aus Nigeria ausreisen konnte. Da ich nur ein paar Tage unterwegs sein würde, beschloss ich, Adama mitzunehmen. Der Gedanke, sie nicht zurücklassen zu müssen, auch wenn es nur für kurze Zeit gewesen wäre, half mir sehr. Schließlich war es eine neue Erfahrung für mich, und ich war sehr nervös. Mein kleines Mädchen würde das beste Bindeglied zwischen meiner und der anderen, unbekannten Welt sein, in die ich flog.

Früh eines Morgens kam ein Mann ins Dorf, um uns zum Flughafen in Abuja zu fahren. Als wir dort eintrafen, wünschte ich mir, Imam wäre da. Ich hatte nicht damit gerechnet, mit Adama an so einem fremden Ort allein gelassen zu werden, und bekam große Angst. Mir kam es so vor, als wisse jeder außer mir, was er tun müsse: Alle eilten an mir vorbei oder standen in einer Schlange vor einem Schalter, hinter dem ein Mädchen saß.

Oh, warum hatte ich bloß dieser Reise nach Italien zugestimmt? Ich würde auf gar keinen Fall in dem fremden Land allein zurechtkommen, dachte ich. Schon am Flughafen von Abuja kam ich mir vor wie ein Fisch auf dem Trockenen. Ich blickte mich ängstlich um und hatte nicht die leiseste Ahnung, was ich tun sollte. Glücklicherweise wurde ich, bevor die anderen gingen, einer weiteren nigerianischen Frau vorgestellt, Laraba Dattijo. Sie gehörte zum Nationalen Frauenrat und kam mit uns nach Rom. Das freute mich, weil dadurch die Reise weniger Furcht erregend wurde. Wir stellten uns in der Schlange an, die mir schon aufgefallen war. Das Mädchen am Schalter sammelte das Gepäck aller Reisenden ein, und als wir an die Reihe kamen, nahm sie auch unsere Koffer entgegen. Sie musste ein hervorragendes Gedächtnis haben, wenn sie nach dem Flug jedes Gepäckstück seinem rechtmäßigen Besitzer zurückgab, dachte ich.

Es gab vieles, was ich nicht verstand, aber ich beschloss, keine Fragen zu stellen, sondern verließ mich völlig auf Laraba. Ein Bus brachte uns zur Rollbahn, direkt zum Flugzeug. Eine riesige Metallmaschine mit großen Flügeln – wie um alles in der Welt sollte sie jemals vom Boden abheben?

Wir stiegen über die Treppe in das Flugzeug. Dort zeigte uns ein weiteres Mädchen unsere Plätze. Ich hatte Angst, aber Laraba blieb bei mir und beruhigte mich. Außerdem dachte ich mir, dass es bestimmt nicht so gefährlich war zu fliegen, wenn so viele Leute im Flugzeug saßen. Und Allah hatte mich bestimmt nicht vor der Steinigung bewahrt, um mich im Flugzeug sterben zu lassen.

Das Flugzeug begann zu rollen, beschleunigte und stieg dann mit einem Dröhnen, das lauter war als alles, was ich bisher gehört hatte, in den Himmel. Ich wurde in meinen Sitz gedrückt und hatte Angst, war aber zugleich auch neugierig. In Gedanken wiederholte ich ständig, dass Allah mich nicht gerettet hatte, um mich im Flugzeug sterben zu lassen. Das erleichterte mich, und ich wagte es sogar, vorsichtig aus dem Fenster zu spähen. Unten sah ich den Busch. Meine Welt. Und irgendwo dort draußen waren Aisha und meine Eltern.

Wie klein doch unser Leben auf der roten Erde und unsere Probleme im Vergleich zu der unermesslichen Weite der Welt waren, dachte ich. Von hier oben betrachtet, kam mir meine Leidenszeit völlig unerheblich vor.

Das Flugzeug stieg immer höher, bis wir von Wolken umgeben waren. Was für ein Gefühl ...! Ich war mitten in den Wolken, denselben Wolken, zu denen ich schon als kleines Mädchen verträumt aufgeblickt hatte.

Dann waren wir auf einmal über den Wolken, und der Boden war nicht mehr zu sehen. Um uns herum war endloses Blau ... Ich war so aufgeregt und fühlte mich Allah so nahe, dass ich ihm für das Leben, das er mir geschenkt hatte, dankte.

In Lagos wartete ein Wagen auf uns. Wir fuhren durch die Stadt zu einem großen Gebäude. Man sagte mir, es sei die italienische Botschaft in Nigeria. Der Botschafter, eine sehr wichtige Persönlichkeit, und seine Angestellten begrüßten mich. Ich war völlig durcheinander. So viel Neues an einem Tag war zu viel für mich. Glücklicherweise führte man uns bald zu dem Haus, in dem wir die Nacht verbringen sollten, und trotz aller Aufregung schliefen Adama und ich gleich ein.

Am nächsten Morgen teilte man mir mit, dass wir am Abend nach Rom fliegen würden. Bevor wir das Konsulat verließen, rief mich der Botschafter noch einmal zu sich. Bei ihm waren zwei Frauen, von denen eine weiß war. Er winkte mich nach draußen, und auf einmal stand ich zu meiner großen Überraschung vor Imam, der mir sagte, er käme mit mir nach Rom. Ich war so glücklich, dass ich gar nicht mehr aufhören konnte zu lächeln.

Das Flugzeug, mit dem wir nach Rom flogen, war sogar noch größer als das erste. Es war dunkel draußen, und ich starrte verzückt durch das Fenster auf die zahllosen Lichter unter uns. So viele Lichter gab es in Tungar Tudu nicht. In Abuja aber gab es wohl auch nachts ein Leben, weil die Menschen bei so viel Licht auch im Dunkeln arbeiten, spielen, essen und laufen können ... Das einzige Licht in unserem Dorf ist die Sonne, und wenn sie untergeht, zieht sich jeder für die Nacht zurück.

Am faszinierendsten waren die unzähligen Lichter von Lagos. Ich konnte mir nicht vorstellen, dass Rom noch heller erleuchtet wäre.

Der Flughafen von Rom war beeindruckend groß, viel größer als der in Abuja und sogar noch größer als in Lagos. Ich hatte Angst, verloren zu gehen und hielt mich dicht an Imam und Laraba. Alle um mich herum wirkten schrecklich geschäftig, liefen herum und sprachen in kleine Dinger, die sie ans Ohr hielten. Waren das die Leute, die mich gerettet hatten? Wie hatten sie auch nur einen Gedanken an mich verschwenden können, wenn sie an so viel anderes denken mussten? Und warum sahen sie mich nicht an? Es waren alles Weiße, da musste doch eine Frau mit schwarzer Haut zumindest ihre Aufmerksamkeit erregen und sie dazu bewegen, Fragen zu stellen. Aber sie liefen an mir vorbei, als gäbe es mich gar nicht und als sei es völlig normal, dass ich hier war.

Überrascht stellte ich fest, dass ein Mädchen auf uns wartete, und mein Erstaunen wurde noch größer, als sie Imam und mich umarmte und auf die Wangen küsste, als ob wir uns schon ewig kennen würden. Von dem, was sie sagte, verstand ich kein Wort, und daher beschloss ich, mich wieder einmal völlig auf Imam zu verlassen. Er erklärte mir, sie sei eine Vertreterin der Organisation, die uns nach Rom eingeladen hatte. Bei ihnen würde ich auch einige Mitglieder der nigerianischen Botschaft in Rom kennen lernen.

Vom Flughafen aus fuhren wir in eine Art Palast mit riesigem Garten, eine so genannte Villa, wie man mir sagte, wo es ein Zentrum gab, das Dionisya hieß. Mitten im Garten stand ein weiteres Gebäude, das auf einen Hof ging. Genau wie in Tungar Tudu ... Man sagte mir, dort würde ich während meines Besuchs wohnen. Ich war so dankbar: Diese Fremden hatten alles getan, damit ich mich wie zu Hause fühlte.

Sie gaben mir ein Zimmer nur für mich und Adama. Es war durch ein gemeinsames Badezimmer mit Larabas Zimmer verbunden. Laraba erklärte mir, wozu all die seltsamen Dinge darin dienten. Riesige Mengen von Wasser standen zur Verfügung! Ich brauchte nicht zum Brunnen zu gehen, sondern musste nur an einem Metallding drehen, und das Wasser floss heraus. Ich kannte Wasserhähne aus Sokoto und Abuja, aber so viel Wasser wie in Rom hatte ich noch nie gesehen ...

Am meisten erstaunte mich jedoch, dass ich zwischen kaltem und heißem Wasser wählen konnte, und ich dachte daran, wie viel Mühe es meine Mutter gekostet hatte, das tägliche Bad für mich und Inno vorzubereiten, als ich nach der Geburt meines ersten Kindes vierzig Tage in Tungar Tudu verbrachte.

Und es gab noch mehr Überraschungen. In der Villa warteten viele Menschen vom Dionisya-Zentrum auf mich. Sie hatten mir sogar Geschenke mitgebracht! Make-up für mich, Spielzeug und Plüschtiere für Adama. Ich war gerührt. Alle waren so nett und fürsorglich zu mir … Sie hatten sich so viel Mühe gegeben, alles perfekt vorzubereiten!

Adama kicherte vor Entzücken über ihre Geschenke. Ich blickte sie an und dachte, dass das eigentliche Geschenk all diese Menschen waren, denen unser Glück am Herzen lag. Der gleiche Gedanke ging mir ein paar Tage später durch den Kopf, als ich eine Gruppe von Reportern traf. Sie schenkten uns einen großen Koffer voller Kleider. Genau das brauchten wir zu Hause. Ich werde nie vergessen, wie großzügig alle waren, niemals.

Zum Essen bekam ich Pasta. Man sagte mir, das sei das beliebteste Essen in Italien, und die kleinen Teigstreifen – die alle die gleiche Größe und Form hatten – bestünden aus einer Mischung aus Wasser und Weizenmehl und würden mit Gemüse oder Fleischsauce serviert. Nicht viel anders als das, was wir zu Hause mit Hirse oder Reis machen, dachte ich. Ich probierte die Nudeln und fand, sie schmeckten gut, ich konnte jedoch nur sehr wenig davon essen.

Als ich schließlich zu Bett ging, war ich immer noch ganz aufgeregt wegen all der Dinge, die ich an diesem Tag gesehen hatte und die für den nächsten Tag geplant waren. Während des Abendessens hatten die Leute, die mich nach Rom eingeladen hatten, mir erzählt, dass sie mir am nächsten Tag die Stadt zeigen und mit mir zu einem alten Monument namens Kolosseum fahren wollten. Während der Kampagne zu meiner Rettung vor der Steinigung hatten sie als Geste der Solidarität alle Lichter um das Kolosseum herum angezündet.

Am nächsten Tag sah ich es. Das Kolosseum … so mächtig,

riesig, beeindruckend... Waren dort in der Dunkelheit tatsächlich Tausende von Lichtern für mich entzündet worden, wie Feuer im Busch? Hatten sie geleuchtet, damit ich am Leben blieb? Damit Adama ihre Mama nicht verlor? Ich schloss die Augen und versuchte es mir vorzustellen, und als ich sie wieder öffnete, war ich zu Tränen gerührt über all die Freundlichkeit, die mich umgab.

Das tatsächliche Ausmaß des internationalen Protests für mich wurde mir ein paar Minuten später klar, als mich auf einmal aufgeregte Menschen umringten. Sie zeigten auf mich, machten Fotos von mir und wollten mir die Hand schütteln. Sie sprachen eine andere Sprache als die Einwohner Roms, und Imam erklärte mir, es seien spanische Touristen. Auch in ihrem Land hatte meine Verurteilung Aufsehen erregt, und mein Bild war in allen Zeitungen erschienen. Und diese Leute hatten mich wiedererkannt.

Nachdem wir das Kolosseum besichtigt hatten, machten wir eine Stadtrundfahrt. Ich sah mir alles fasziniert an und hatte nach einer Zeit das Gefühl, nichts mehr aufnehmen zu können. Sokoto war mir schon immer groß vorgekommen, aber Rom war wirklich riesig. So viele Autos und so wenige Mopeds – das genaue Gegenteil von Sokoto. War das vielleicht wahrer Reichtum?

Imam hatte mir erklärt, dass der Höhepunkt meines Aufenthalts in Rom eine äußerst feierliche Zeremonie sein würde, bei der ich allen Menschen, die zu meiner Rettung beigetragen hatten, offiziell vorgestellt würde. Am Morgen des fraglichen Tages wurden wir wie üblich mit einem Auto abgeholt, und man brachte uns zu einem großen Gebäude. Imam half mir aus dem Wagen und führte mich in einen großen Saal, der voller Menschen war. Er sagte, Reporter und bedeutende Persönlichkeiten seien gekommen, um mich kennen zu lernen.

Viele Leute baten darum, mit mir zusammen fotografiert zu werden, und ich willigte gerne ein.

Ich war überwältigt davon, wie viele Leute mir gratulierten, mich begrüßten und mir lächelnd die Hand schüttelten. Alle redeten mit mir, aber ich verstand kein Wort von dem, was sie sagten. Glücklicherweise übersetzte Imam für mich und half mir so aus meiner peinlichen Lage. Ich war viel zu durcheinander, um alles zu behalten, und lächelte einfach immer nur, zumal es wirklich eine Freude für mich war, bei all den Menschen zu sein, die mir geholfen hatten.

Auf einmal wurde es still im Saal, und jemand hielt eine Rede. Da ich nicht verstand, was gesagt wurde, betrachtete ich die Menschen um mich herum. Ich war so dankbar, dass sie mich gerettet hatten. Nein, das stimmte nicht ganz. Allah hatte mich gerettet. Allah und sonst niemand. Und diese Menschen waren nur sein Werkzeug.

SECHZEHN

Wieder glücklich und Pläne für die Zukunft

Ich blieb ein paar Tage in Rom. Als ich schließlich in mein Dorf zurückkehrte, kamen mir der Luxus und die Pracht dieser großen ausländischen Stadt, die mich so beeindruckt hatte, sogar noch größer vor. Wenn ich unsere Lehmhütten anschaute und an die vielen ähnlichen Gebäude in Sokoto dachte, erschienen mir Roms Monumente und Paläste im Vergleich dazu riesig.

Aber die Stimmen des Buschs und das Summen im Dorf waren wesentlich angenehmer als die unablässigen lauten Geräusche in Rom, die mir wie Donner in den Ohren gedröhnt hatten. Und auch die Myriaden von Lichtern in der Nacht hatten mich wach gehalten.

Mir kam es vor, als sei ein Sandsturm über mich hinweggebraust. Ich wusste jetzt, dass mein Platz in meinem Dorf war. Mehr denn je war mir klar, dass Allahs größtes Geschenk an mich die Stille war, die ruhige Stimme meiner Eltern und Adamas glückliches, liebes Gesicht.

Und ich hatte jetzt genug und wollte, dass das Leben wieder seinen normalen Gang ging. Ich will wieder Safiya sein, die Frau, die ich vor dem Albtraum war, dachte ich. Das war für mich der einzige Weg zum Glück. Auch wenn die Leute im Dorf auf mich herabsahen, weil ich allein war, dreimal verstoßen und eine Ehebrecherin, so war mir das gleichgültig.

Das, was ich durchgemacht hatte, war nicht vergeblich gewesen, denn jetzt hatte ich Geld, von den Journalisten, die mich interviewt hatten, von der römischen Organisation, die mich unterstützt hatte, von anderen Menschen. Wenn ich sorgsam damit umging, gehörten meine finanziellen Probleme der Vergangenheit an. Unsere Zukunft – Adamas, Aishas, die meiner Eltern und meine – war gesichert, wir konnten uns sogar ein wenig verwöhnen. Mehr brauchte ich nicht – ich war zufrieden. Aber die Wege Allahs und seines Propheten Mohammed sind unergründlich, und oft führen sie einen zu Zielen, die man am wenigsten erwartet. In meinem Fall führten sie mich zu einer neuen Liebe.

Es geschah kurz nach meiner Rückkehr aus Rom. Unmöglich? Das dachte ich auch. Ich hatte im Traum nicht mehr damit gerechnet. Aber es geschah. Ich war fünfunddreißig, mein Körper und mein Geist waren erschöpft, und ich zog den Schatten einer Geschichte hinter mir her, die viele Menschen – vor allem Moslems – inakzeptabel finden. Aber es geschah.

Die Umstände waren genauso wie bei allen anderen Wendepunkten in meinem Leben. Eines Morgens rief mich mein Vater zu sich.

»Safiya, es gibt einen Mann, der dich heiraten möchte.«

Ich starrte ihn verblüfft an, und es dauerte eine Weile, bis ich verstand, was seine Worte bedeuteten. Jemand wollte mich heiraten? Jemand wollte mich? Mich? Ich sollte wieder heiraten?

Mein Vater wartete schweigend und fuhr erst fort, als er sah, dass ich ihn verstanden hatte.

»Der Mann, der dich heiraten will, heißt Mohammed. Er arbeitet im Süden. Er hat deine Geschichte in den Zeitungen gelesen und mir geschrieben, er wolle dich heiraten.«

Ich musterte meinen Vater vorsichtig, um herauszufinden,

ob er über den Antrag erfreut war oder eher fand, dass ich mich mit meiner jetzigen Situation abfinden müsse. Aber seine Miene war undurchdringlich.

»Mohammed ist aus Sokoto«, sagte mein Vater. »Er hat dich schon einmal gesehen. Er trommelt bei allen Hochzeiten hier in der Gegend. Ich habe bereits Erkundigungen über ihn eingezogen: Er ist ein guter Mann, er hat keine Kinder und arbeitet schon seit einigen Jahren im Süden, was beweist, dass er sich aufopfern kann. Er ist zwar arm, aber er ist ein Geschenk Allahs.«

Die Worte meines Vaters zerstreuten meine Zweifel. Er war mit der Heirat einverstanden. Es war eine ehrenhafte Entscheidung, weil er dadurch bewies, dass ihm mein Glück mehr am Herzen lag als sein eigenes Wohlergehen. Es wäre eine große Hilfe für ihn und Mama gewesen, wenn ich bis ans Ende ihrer Tage bei ihnen geblieben wäre. Ich war gerührt und konnte die Tränen kaum zurückhalten.

Mein Vater konnte zwar nicht sehen, dass ich weinte, aber er las in meinem Herzen. »Ich weiß, was du denkst, Safiya«, sagte er. »Aber wir müssen Gottes Willen annehmen. Ich weiß, dass du deine alten Eltern nie im Stich lassen wirst, und es macht uns glücklich, wenn wir wissen, dass du ein glückliches und erfülltes Leben führst.« Seine Stimme klang besonders ruhig, als ob Allah selbst während seines Gebets zu ihm gesprochen hätte.

»Ich weiß, du machst dir auch über andere Dinge Gedanken«, fügte er hinzu. »Aber hab keine Angst. Sicher kann dich Mohammed eines Tages verstoßen, und auch diese Ehe kann scheitern. Aber wir wissen nicht, was die Zukunft bringt, und so soll es sein, weil wir hinnehmen müssen, was Allah für uns bereithält. Denk zurück. Seinem Willen nach bist du dreimal verstoßen und zum Tode durch Steinigung verurteilt worden, aber es war auch sein Wille, dass du freigesprochen wurdest, und jetzt schickt er dir einen neuen Ehemann.«

Bei diesen Worten drückte er liebevoll meine Hand, und dann durfte ich gehen.

Während ich meiner Hausarbeit nachging und mich um Adama kümmerte, dachte ich über die Sache nach. Wieder heiraten… Immer noch verwirrt machte ich mich auf die Suche nach meiner Mutter. Wie immer wusste sie bereits alles. Als sie mich sah, lächelte sie. Ein Lächeln, das mehr ausdrückte als tausend Worte. Ich bin glücklich für dich, hieß es.

Heute bin ich mit Mohammed verheiratet. Er ist ein guter, fröhlicher, fürsorglicher Mann. Er hat Adama und Aisha wie eigene Kinder angenommen und liebt sie. Allah möchte endlich, dass ich glücklich bin.

Mohammed und ich blicken zuversichtlich in die Zukunft und machen Pläne. Mein größter Traum ist, ihm ein Kind zu schenken – er hat noch nie die Freude gespürt, Vater zu sein, und ich weiß, er wäre ein großartiger Vater. Dank meines Geldes geht es uns gut. Vielleicht kaufen wir uns sogar ein Moped und verleihen es. Das wäre eine stetige Einnahmequelle. Es mag ja nicht viel Geld einbringen, und in Rom würde man vielleicht sogar abfällig lächeln und sagen: »Das ist nichts!« Vielleicht. Aber wissen Sie, in Tungar Tudu und den anderen Dörfern im Busch kann das, was für andere Menschen »wenig« oder »nichts« ist, alles bedeuten. Sogar Glück.

Der Fall Safiya aus der Sicht ihres Anwalts

Ich schreibe diese Zeilen als juristischer Berater im Prozess, der zu Safiya Hussaini Tungar Tudus Freiheit führte, und als jemand, der in die Ereignisse vor und nach Safiyas Freispruch involviert war.

Während der britischen Kolonialherrschaft in Nigeria gab es die Scharia nicht, aber mit Einsetzung der gegenwärtigen Regierung Nigerias 1999 lebte sie wieder auf. Die neue Regierung führte eine Reihe von Gesetzen wieder ein, die 1914 von den Briten abgeschafft worden waren, nachdem sie das Land zu einer politischen Zwangseinheit zusammengefasst hatten. Die Gesetze wurden nun besonders streng angewendet. 1960 wurde Nigeria ein eigenständiges Land, als die Briten ihm die Unabhängigkeit gewährten. In der Folge kam es zu Zusammenstößen moslemischer Gruppen im Norden, christlicher Gruppen im Süden und Minderheiten im gesamten Land.

Ich möchte detailliert analysieren, wie die Scharia von manchen Moslems akzeptiert wurde, während die Wiedereinführung der Scharia in Nigerias Rechtssystem bei anderen Moslems und Nicht-Moslems Empörung hervorrief.

Ich will versuchen, den Hintergrund der Scharia in Nigeria vor und nach der Kolonialzeit zu erforschen. Und ich werde untersuchen, wie streng sie heute in einigen Bundesstaaten in Nordnigeria angewendet wird, was zu empörten Protesten in der westlichen Welt geführt hat. Der Fall von Safiya Hussaini Tungar Tudu ist nur einer von vielen.

Die Scharia – das islamische Gesetz – besteht aus einer Ansammlung von heiligen gerichtlichen Verboten, die zum göttlichen Gesetz erklärt werden, nach dem sich das Leben aller Moslems richten muss. Für einen Moslem ist die Scharia bindend.

Die Scharia ist ein allumfassendes Rechtssystem, dessen grundlegende Prinzipien im Koran enthalten sind; Interpretationen und Erklärungen findet man im Hadith, also in den Worten und Taten des Heiligen Propheten Mohammed (PBUH).

In einer islamischen Gesellschaft müssen von Menschen gemachte Gesetze zwangsläufig mit den Verboten der Scharia übereinstimmen, um Gültigkeit zu besitzen.

Die Scharia wurde in Nigeria eingeführt, als der Islam von Kaufleuten und Karawanen aus nordafrikanischen Ländern wie dem Sudan, Marokko und Ägypten in das heutige Nordnigeria gebracht wurde. Zu Beginn des 19. Jahrhunderts führte der Dschihad von Sokoto, der während der Herrschaft von Usman dan Fodio ausbrach, zum Entstehen des Kalifats von Sokoto, das mehrere Regionen im Norden umfasste. Damit begann die strikte Anwendung der strafrechtlichen Aspekte der Scharia, die anhielt, bis die britischen Kolonialherren in Nordnigeria die Macht übernahmen.

Danach wich die Scharia dem Kolonialrecht. Sie unterlag der Kolonialregierung und der Verfügung, dass Strafe »nicht gegen die natürliche Gerechtigkeit und Menschlichkeit« ausgeübt werden dürfe. Damit durften die vorgeschriebenen

Strafen für Verstöße gegen den Koran, wie *zina* (Ehebruch), *sariqa* (Diebstahl) und *hiraba* (Straßenraub) nicht durchgeführt werden.

Die administrative Ausübung des islamischen Rechts wie zum Beispiel die Gerichtsversammlungen des Emirs und die Alkali-Gerichte wurden von der Kolonialmacht kontrolliert, und zwar folgendermaßen:

- Alle Gerichte, die nicht vom Regierungsvertreter – einem Kolonialbeamten – eingerichtet worden waren, waren verboten.
- Der Regierungsvertreter war befugt, die Mitglieder einheimischer Gerichte auszuwählen, zu suspendieren und zu entlassen.
- Der Regierungsvertreter hatte Überwachungsbefugnis, konnte Einsicht in Akten und Urteilsbegründungen nehmen, Fälle verlegen etc.
- Todesstrafen, die von den Gerichtshöfen des Emirs ausgesprochen wurden, mussten von der Regierung bestätigt werden.

Anders als bei den Gerichten in Südnigeria mischten sich die Kolonialbeamten nicht in das Verwaltungsrecht oder Gewohnheitsrecht ein, was allerdings ebenfalls der erwähnten Beschränkung unterlag. Die meisten Zivil- oder Strafrechtsprozesse wurden an den Alkali-Gerichten verhandelt, was der Kolonialregierung sehr entgegenkam. Der Niedergang der Scharia begann 1947 mit dem Fall von Tsofo Gubba.

Tsofo Gubba vs Gwandu Native Authority (1947)*
12 WACA (Westafrikanisches Berufungsgericht) 141

In dem oben erwähnten Fall wurde der Angeklagte Tsofo Gubba des vorsätzlichen Mordes für schuldig befunden und nach islamischem Recht von einem einheimischen Gericht zum Tode verurteilt. Er legte Berufung beim Obersten Gerichtshof ein, dieser bestätigte aber, dass den Fakten nach der Fall unter dem islamischen Gesetz der Qisas, d.h. Vergeltung, korrekt verhandelt worden sei. Nach nicht islamischem Strafrecht jedoch hätte man Gubba nur Totschlag anlasten können, ein Delikt, das geringer bestraft wird.

Der Oberste Gerichtshof sah sich nicht in der Lage, das Urteil aufzuheben, weil das einheimische Gericht einheimische Gesetze anwenden und Urteile aussprechen durfte, die nach einheimischem Recht und Sitte festgelegt waren, auch wenn sie auf Unvereinbarkeit überprüft wurden.

Der Fall wurde an das Berufungsgericht von Westafrika (WACA) weitergeleitet, damit es feststellte, inwieweit auch ein einheimisches Gericht das staatliche Strafrecht anwenden kann. In Paragraph 4 des Strafgesetzbuches gibt es eine Verfügung, die lautet: »Niemand darf von einem anderen Gericht als einem einheimischen für ein Vergehen angeklagt oder bestraft werden, es sei denn auf ausdrückliche Verfügung im Strafgesetzbuch.«

Im Revisionsverfahren beschloss das Berufungsgericht von Westafrika, dass der Zusatz in Paragraph 4 ausreichte, um das Strafgesetzbuch auch bei einheimischen Gerichten zur Anwendung kommen zu lassen, so dass jedes Delikt, das sich im Strafgesetz fand, auch von einheimischen Gerichten nach staatlichem Strafrecht verhandelt werden musste. Mit anderen Worten: Einheimische Gerichte konnten einheimisches Recht und Sitte nur dann anwenden, wenn sie nicht im Strafgesetzbuch definiert waren.

Aufgrund dieser Interpretation befand das Berufungsgericht von Westafrika, dass das einheimische Gericht das Strafgesetzbuch hätte anwenden müssen und dass die Verurteilung nicht rechtskräftig war, weil es sich bei dem Delikt nur um Totschlag handelte. Bei weiterer Überprüfung kam das Berufungsgericht von Westafrika allerdings zu dem Schluss, dass es nicht befugt war, ein erneutes Urteil zu fällen, deshalb wurde die Verurteilung nur aufgehoben.

Reaktionen auf Gubbas Fall

Diese Entscheidung stieß im Norden auf Widerstand.
– Die Alkali-Gerichte wollten ihre jahrhundertealten Praktiken nicht aufgeben, um eine Gesetzgebung anzuwenden, die ihnen nicht vertraut war.
– Die Forderung wurde als Umkehr der Regelung angesehen, in der die Verwaltung der Justiz in Nordnigeria festgelegt war. Es war auch ein Verstoß gegen das ursprüngliche Vorhaben der Briten, sich nicht in islamische Angelegenheiten einzumischen.

Konfliktlösung von Gubbas Fall

1. *Gesetzeserlass in der Verordnung von 1948 für die einheimischen Gerichte*

Der Zweck dieser Verordnung war es, zeitweilige Verfügungen bis Oktober 1951 zu schaffen, um eine befriedigendere Verbindung zwischen den beiden Gesetzessystemen zu schaffen.

Verfügungen:
a) Paragraph 3 beinhaltete, dass einheimische Gerichte eine Person verurteilen konnten, die einen Verstoß gegen einheimisches Gesetz und Sitte begangen hatte, selbst wenn dieses Delikt einen Verstoß gegen das Strafgesetzbuch darstellte. Einheimische Gerichte durften auch alle Paragraphen des Strafgesetzbuches anwenden. Diese Verfügung schützte die Gerichte vor einer Wiederholung des Falles von Tsofo Gubba

und erlaubte ihnen, den Angeklagten gemäß dem Strafgesetzbuch zu verurteilen, falls sie dies für notwendig erachteten.

b) Berufungsgerichte, von einheimischen Gerichten bis hin zum Berufungsgericht von Westafrika, hatten weiter gehende Macht. Sie durften

- verlangen, dass der Prozess wieder aufgenommen wurde;
- erneut über den gleichen oder einen anderen Fall verhandeln;
- jedes Urteil aufgrund der Faktenlage umwandeln.

Dadurch wurde es unter anderem möglich, dass das Berufungsgericht zum Beispiel ein Urteil wegen vorsätzlichen Mordes unter islamischem Gesetz durch ein Urteil wegen Totschlags nach dem Strafgesetz ersetzen konnte.

Paragraph 5 sorgte dafür, dass Mordfälle, die von einheimischen Gerichten ohne Berufung verhandelt worden waren, automatisch überprüft wurden. Nach Abschluss des Falles wurden die Akten an den Obersten Gerichtshof weitergeleitet. Ein Richter des Obersten Gerichtshofes war ermächtigt, die Entscheidung rückgängig zu machen, wenn es zweifelhaft schien, ob in diesem speziellen Fall einheimisches Recht und Sitte angewendet werden sollten. Er durfte dann

- Freispruch anordnen oder
- eine erneute Verhandlung vor dem Obersten Gerichtshof für ein Delikt anordnen, das unter das Strafgesetzbuch fiel,
- oder, wenn die Todesstrafe ausgesprochen worden war, durfte er sie durch eine Strafe wegen Totschlags ersetzen und das Urteil aufheben.
- Er konnte auch den Angeklagten zwar für schuldig, jedoch nicht zurechnungsfähig erklären und die vom Strafgesetz vorgesehenen Maßnahmen einleiten.

All dies war auch noch möglich, wenn der Termin für die

Berufung bereits verstrichen war. Berufung konnte beim Obersten Gerichtshof oder dem Berufungsgericht von Westafrika eingelegt werden.

Für andere Fälle als Mord konnte auch bei den einheimischen Gerichten Berufung eingelegt werden, vorausgesetzt dies geschah innerhalb von sechs Monaten und die Akten waren dem Obersten Gerichtshof zur Einsicht übergeben worden.

Kommentare:
a) Dies war ein Versuch, die durch den Fall von Tsofo Gubba eingetretene Anomalität zu beheben, so dass das Berufungsgericht nicht nur Entscheidungen aufheben, sondern auch durch neue Urteile ersetzen konnte.
b) Die moslemischen Gerichte unterstanden dadurch in noch stärkerem Maße der Kontrolle durch die englischen Kolonialgerichte.
c) Die Anomalie hinsichtlich der doppelten Rechtsprechung bei Mord wurde dadurch nicht aufgehoben.

Bevor Nigeria 1960 unabhängig wurde, einigten sich die Kolonialregierung und die nationalistischen Führer von Nordnigeria darauf, die Rechts- und Gerichtssysteme in den nördlichen Landesteilen neu zu überprüfen. Die Gründe dafür waren:
a) Ängste der Minderheiten. 1957 wurde das Thema auf der verfassungsgebenden Versammlung angeschnitten. Die britische Regierung gab zu erkennen, dass sie einem Datum für die Unabhängigkeit erst zustimmen würde, wenn eine Lösung gefunden war. Man kam überein, dass der Außenminister eine Kommission einsetzen sollte, die die Ängste der Minderheiten untersuchte. Ihr Bericht sollte Tagesordnungspunkt auf der

nächsten Versammlung im darauf folgenden Jahr werden. Die Kommission arbeitete vom 23. November 1957 bis zum 12. April 1958. Unter anderem richteten sich die Ängste der Minderheiten auf:

– das Schicksal der nicht moslemischen Streitparteien in moslemischen Gerichten. Manche Nicht-Moslems waren wegen rein moslemischer Delikte angeklagt worden;

– das moslemische Gesetz für Mord, bei dem die Entschädigung oder das »Blutgeld« je nach Religion variierte;

– die Kontrolle der einheimischen Gerichte durch einheimische Behörden.

Außerdem fand die Kommission heraus, dass die Minderheiten nach der Unabhängigkeit ein strengeres Durchgreifen gegenüber Nicht-Moslems fürchteten, obwohl sie schon nicht mehr so stark diskriminiert wurden.

b) Ängste um die wirtschaftliche Zukunft des Nordens. Die Führer im Norden mussten begreifen, dass das wirtschaftliche Überleben des Nordens nach der Unabhängigkeit von der Bereitschaft der westlichen Nationen abhing, Unterstützung zu gewähren und zu investieren, was sie jedoch nicht tun würden, wenn die Scharia das vorherrschende Recht blieb.

c) Der Konflikt zwischen Strafgesetzbuch und islamischem Strafrecht war nicht zufrieden stellend gelöst worden.

2. *Delegationen in moslemische Länder*

Entschlossen, das Rechtssystem zu reformieren, beschloss die Kolonialregierung von Nigeria, Delegationen in andere moslemische Länder zu entsenden, die gerade in die Unabhängigkeit entlassen worden waren, um sich anzuschauen, wie sie mit ähnlichen Problemen umgingen. Es wurden Delegationen nach Pakistan, Libyen und den Sudan geschickt.

Die Aufgabenstellung für die Delegationen war beeinflusst

durch die Standpunkte der Minderheitskommission. Dabei ging es darum, dass Nicht-Moslems nicht wegen rein moslemischer Delikte angeklagt werden durften und nicht in Zivilprozesse in moslemischen Gerichten verwickelt sein durften, sowie um die Frage, ob es offensichtliche Benachteiligungen von Nicht-Moslems in moslemischen Gerichtshöfen gab. Im Juli 1958 lagen die Berichte vor. Sie zeigten, dass beachtliche Fortschritte erzielt werden konnten, indem man die Probleme löste, ohne die Prinzipien des Islam zu opfern.

3. *Juristischer Ausschuss*

1958 wurde von der nordnigerianischen Regierung ein juristischer Ausschuss eingesetzt, um Empfehlungen zu geben, wie das Rechtssystem reformiert werden könnte.

1 **Aufgabenstellung**: Angesichts der Situation in anderen Teilen der Welt, wo Moslems und Nicht-Moslems Seite an Seite lebten, sowie mit besonderem Blick auf Libyen, Pakistan und den Sudan, mussten folgende Dinge geprüft werden:
a) das Rechtssystem, das im Norden in Kraft war, die Organisation der Gerichte und ihr System;
b) ob es möglich und in welchem Ausmaß es wünschenswert war, mögliche Konflikte zwischen den bestehenden Rechtssystemen zu vermeiden, welche Schritte unternommen werden mussten, um dieses Ziel zu erreichen, und wie man die Gerichte und das Rechtswesen neu organisieren konnte.

2 **Berichte der Minderheitenkommission**: Der Ausschuss berücksichtigte die Empfehlungen der Minderheitenkommission hinsichtlich des islamischen Rechts, d.h.:
a) Nicht-Moslems sollten die Möglichkeit haben, nicht von moslemischen Gerichten verurteilt zu werden;

b) Es sollte ein regionaler Alkali-Dienst eingerichtet werden, der von einer gerichtlichen Kommission geleitet wurde.

3 Mitgliedschaft

1. Sayyad Mohammed Abu Rannat, Oberster Richter des Sudan
2. J. Moh'd Sheriff, Vorsitzender der pakistanischen Rechtskommission
3. Prof. JND Anderson von SOAS
4. Shetima Kashim, Gaziri von Borno
5. Peter Achimugu, ein Christ aus dem Norden
6. M. Musa, Alkali von Bida

4 Vorschlag

A) Anzuwendende Gesetze

1) Nordnigeria sollte ein universell anzuwendendes Strafgesetz bekommen, das die bestehenden Gesetze ersetzen sollte. Die grundlegenden Inhalte des Islam wurden dadurch jedoch nicht berührt, sofern sie universeller Natur waren. Die Gesetzesvorlagen sollten auf sudanesischem und pakistanischem Recht beruhen, wegen ihrer Einfachheit, ihrer Konformität mit dem Koran und der Sunna sowie ihrer Akzeptanz durch die Moslems.

2) Das Familien- und Personenrecht jeder Gemeinde wurde davon nicht berührt, sondern weiterhin angewandt.

3) Verträge wurden von dem Gesetz bestimmt, in dem sich die Transaktionen der Vertragsparteien abspielten.

4) Zivilrechtliche Delikte wurden durch das Recht der jeweiligen Parteien abgewickelt. War man sich uneinig, galt das Strafrecht. Zu Anfang sollten die einheimischen Gerichte das Strafgesetzbuch nur als Anleitung verstehen, bis ihre Richter es anwenden konnten. Richter beim Obersten

Gerichtshof und den Oberlandesgerichten konnten es sofort anwenden.

B. Option
Die Minderheitenkommission hatte empfohlen, dass Nicht-Moslems sich gegen moslemische Gerichte entscheiden konnten. Auch der Ausschuss empfahl dies als zeitweilige Maßnahme, bis das Gerichtspersonal das Strafgesetzbuch anwenden konnte.

1958 wurde das Procedere eingeführt, und danach mussten einheimische Gerichte einen Angeklagten oder Zeugen nach seiner Religion fragen, und wenn er Moslem war und das Gericht war nicht-moslemisch oder umgekehrt, dann konnte er es ablehnen, vor diesem Gericht zu erscheinen.

Das Verfahren erwies sich jedoch in der Praxis als schwierig und wurde schließlich 1961 wieder abgeschafft.

C. Reorganisation nationaler Gerichte
Der Ausschuss empfahl:
1) eine Neuorganisation des Berufungssystems sowie
2) die Ausbildung und Supervision von Alkali und einheimischen Gerichtsbeamten.

1. Berufungssystem:
Jede Provinz musste ein Provinzgericht mit öffentlichen Bediensteten der Regionalregierung, die von der Rechtskommission eingesetzt worden waren, haben. Das Gericht musste aus einem Alkali oder aus einem Präsidenten und zwei Mitgliedern bestehen. Das war der erste Schritt zur Schaffung eines regionalen Rechtsdienstes. Die Provinzgerichte mussten alle Berufungen gegen Urteile der einheimischen Gerichte verhandeln und waren unabhängig von der einheimischen Amtsgewalt.

Das moslemische Berufungsgericht sollte durch ein Scharia-Berufungsgericht ersetzt werden, das aus einem Großen Kadi, einem stellvertretenden Großen Kadi und zwanzig verantwortlichen Richtern bestand, bei denen Berufung in allen Fällen moslemischen Personenrechts eingelegt werden konnte. Das Urteil des Gerichts war endgültig. Dort wurden alle Berufungen gegen Urteile von Provinzgerichten und größeren einheimischen Gerichten verhandelt.

Alle anderen Berufungen liefen über die Berufungsabteilung der einheimischen Gerichte, die das Hochgericht eingerichtet hatte. Sie bestand aus zwei Hochrichtern und einem Berufungsrichter vom Scharia-Gericht, deren Stimmen gleich viel galten.

2. *Ausbildung und Supervision*

Der Ausschuss empfahl,

– dass im Verwaltungsinstitut, Zaria, ein Ausbildungssystem eingerichtet werden sollte, damit das einheimische Gerichtspersonal mit den neuen Gesetzen vertraut gemacht werden konnte;

– dass Nordnigerianer zu Oberlandes- und Hochgerichtsrichtern ausgebildet werden sollten;

– dass Rechtsvertreter sich von einheimischen Gerichten fern halten und Alkalis höhere Bezüge bekommen sollten.

Dieses System galt bis Mai 1999, dann aber wurde in einigen nördlichen Landesteilen die Scharia wieder eingeführt, und damit die strikte Anwendung ihrer Strafen wie die Todesstrafe durch Steinigung für Ehebruch mit verheirateten Männern oder Frauen und 100 Stockhiebe für unverheiratet zusammenlebende Paare, Handabschlagen für Diebstahl etc.

Der erste Bundesstaat, in dem die Scharia wieder eingeführt wurde, war Zamfara in Nordwest-Nigeria. Andere Bundesstaaten folgten, wie Sokoto, Kano und Kebbi, um nur ein paar zu nennen.

Am 27. Oktober 1999 wurde ein gewisser Muhammadu Jero wegen Diebstahls verurteilt, weil er erwiesenermaßen in seinem Dorf im Staat Zamfara eine Kuh gestohlen hatte. Man schlug ihm die rechte Hand ab.

Genauso streng verfuhr man mit schwereren Delikten als diesem.

Manche der Bundesstaaten schafften das in Nordnigeria geltende Strafgesetz ab und ersetzten es durch das Strafrecht der Scharia. Und damit kommen wir zu dem Fall von Safiya Hussaini Tungar Tudu.

Safiya

Safiya Hussaini Tungar Tudu wurde vom Oberen Scharia-Gericht in Gwadabawa wegen Ehebruchs *(zina)* zum Tode durch Steinigung verurteilt aufgrund von Paragraph 129 (b) des Scharia-Strafgesetzes des Bundesstaates Sokoto. Das Urteil wurde am 9. Oktober 2001 gefällt.

Am 23. Oktober 2001 kam Safiya Hussaini Tungar Tudu in unsere Anwaltskanzlei – zwei Wochen nach dem Urteil von Gwadabawa. Sie war in Begleitung ihres Onkels Labbo Sabon Birnin Kware und zwei weiteren Personen namens Muhammadu Sani Hussaini und Abdullahi Hassan Dan Kara. Sie unterrichteten uns über ihren Fall, und ich bereitete sofort die Berufung und die Aussetzung des Urteils des Scharia-Gerichts von Gwadabawa vor. Wir legten Berufung beim Scharia-Berufungsgericht des Bundesstaates Sokoto ein, gemäß

Paragraph 233 (2) (b) des Scharia-Strafgesetzes des Bundesstaates Sokoto.

Fünf Tage nach Safiya Hussainis Besuch in unserer Kanzlei erhielten wir Besuch von einem gewissen Malam Mustafa Ismael aus Kano. Er erklärte, die Organisation für Menschenrechte in Lagos sei daran interessiert, sich des Falles von Safiya Hussaini Tungar Tudu anzunehmen. Wir nahmen das Angebot an, und in der Folge trafen wir uns mehrmals in Abuja.

Das Scharia-Berufungsgericht setzte am 22. November 2001 die Hinrichtung aus. Die Berufungsverhandlung war für den 14. Januar 2002 vorgesehen.

An jenem Tag vertrat Abdulkadir Imam Ibrahim Safiya Hussaini Tungar Tudu vor Gericht. Die nächste Verhandlung wurde auf den 18. März 2002 festgelegt, damit sich das Gericht über die angesprochenen Punkte beraten konnte. Folgende Punkte wurden dargelegt:

I

Abdulkadir Imam Ibrahim erläuterte, dass das Obere Scharia-Gericht von Gwadabawa einen rechtlichen Formfehler begangen hatte, weil Safiya Hussaini Tungar Tudu am 23. Dezember 2000 des Ehebruchs *(zina)* angeklagt worden war, d.h. als sie einen Monat schwanger war. Das Scharia-Strafgesetz im Bundesstaat Sokoto wurde jedoch erst am 31. Januar 2001 eingeführt. Die Tatsache, dass das Strafgesetz nicht rückwirkend angewendet werden kann, wurde belegt durch die Paragraphen 4 (9), 36 (8) und 277 (1) der Verfassung der Bundesrepublik Nigeria (1999).

II Koran, Kapitel 17, Vers 5

Widerrufung von Safiya Hussaini Tungar Tudus früheren Aussagen und angenommenen Geständnissen, Ehebruch mit einem gewissen Yakubu Abubakar Tungar Tudu begangen zu haben. Dabei stützten wir uns auf verschiedene Überlieferungen des Heiligen Propheten Mohammed in Büchern wie:

1. *Mukhtasar, Bd. II, Seite 285*
2. *Fiqhu sunnah, Bd. II, Seite 241*
3. *Biday at-Al-Mujthid wani hayyat Al-Muqtasid, Bd. II, Seite 468*
4. *Ihkamu – Al Ahkami, Seite 118*
5. *Sahih Al-Muslim, Bd. II, Seite 193*

In ähnlicher Weise wurde der zweite Punkt abgehandelt bezüglich Widerruf und ruhender Schwangerschaft.

III

Bei diesem Punkt ging es darum, ob Safiya Hussaini Tungar Tudu zum Zeitpunkt des Prozesses am Oberen Scharia-Gericht von Gwadabawa eigentlich eine *muhsinee*, eine verheiratete Frau mit rechtlich vollzogener Ehe, war und ob sie überhaupt zum Tode durch Steinigung wegen Ehebruchs *(zina)* verurteilt werden konnte. Dabei nahmen wir Bezug auf verschiedene Korantexte, darunter:

Bidayat Al-Mujtahid wa nihayat Al Mugtasidi, Seite 470

IV

Bei diesem Punkt ging es darum, dass die Parteien keine Gelegenheit hatten, vor dem Urteil eine letzte Stellungnahme abzugeben *(izari)*.

Wir bezogen uns hierbei auf verschiedene Autoritäten hinsichtlich der Bedeutung von *izari* und erläuterten, dass Nichtbeachtung von Seiten des Scharia-Gerichts das Urteil ungültig macht. Angeführt wurden:

1. *Ihkamu Al-Ahkami*
2. *Bahjah*
3. *Mukhtasar*

V

Der Richter im Prozess am Oberen Scharia-Gericht von Gwadabawa hatte sein Urteil gegen Safiya Hussaini Tungar Tudu mit ihrer Schwangerschaft begründet.

Wir widerlegten diesen Punkt durch Shafis Meinung, dass Schwangerschaft allein nicht zum Tod durch Steinigung führen kann. Siehe dazu:

Sahih Al-Muslim, Band II, Seiten 192-193

VI

In diesem Punkt ging es um die Art und Weise, wie Safiya Hussaini Tungar Tudu festgenommen und dem Scharia-Gericht von Gwadabawa vorgeführt wurde. Sowohl Festnahme als auch Vorführung entsprachen nicht den Prinzipien der Scharia: Die Umstände, die zu ihrer Festnahme führten, mischten sich in ungehöriger Weise in ihre Angelegenheiten ein, weil einer ihrer Brüder (von denselben Eltern) sie beim Scharia-Komitee angezeigt hatte. Das Komitee informierte dann die Polizei, und sie wurde festgenommen. Dies ist gegen die Verfügung im heiligen Koran, wo steht, dass niemand in die Privatsphäre anderer Menschen eindringen darf.

Außerdem lassen zahlreiche Textstellen darauf schließen, dass der Heilige Prophet Mohammed nicht glücklich über Personen war, die ihm solche Fälle anzeigten.

VII

In diesem Punkt ging es erneut um einen Formfehler des Oberen Scharia-Gerichts von Gwadabawa, da das Verfahren nicht den Richtlinien des Strafgesetzes im Bundesstaat Sokoto entsprach.

Beim gründlichen Studium der Prozessakten stellte sich heraus, dass der Angeklagten, Safiya Hussaini Tungar Tudu, keine Gelegenheit gegeben wurde, die Wahrhaftigkeit der Zeugenaussagen auf die Probe zu stellen. Daher war die Anhörung ungerecht. Siehe Paragraphen 35 (2) und 38 (1) der Verfassung der Bundesrepublik Nigeria (1999).

Die Berufungsverhandlung des Falles fand vor dem Scharia-Berufungsgericht im Bundesstaat Sokoto am 14. Januar 2002 statt und wurde anschließend auf den 18. März 2002 vertagt, damit der Staatsanwalt des Bundesstaats Sokoto auf die vom Berufungsanwalt formulierten Punkte eingehen konnte. Danach hielten beide ihre Schlussplädoyers, und das Gericht legte die Urteilsverkündung für den 25. März 2002 fest.

Am 25. März 2002 erging vom Scharia-Berufungsgericht des Bundesstaates Sokoto das endgültige Urteil. Safiya Hussaini Tungar Tudu wurde freigesprochen.

Zusammenfassung

1. Die Scharia gibt es in Nordnigeria seit dem 16. Jahrhundert.
2. Durch den Dschihad von Shehu Usman dan Fodio wurde die wahre Scharia wieder eingeführt und die korrumpierten Formen in den Regionen, die vom Kalifat beherrscht wurden, abgeschafft.
3. Die britische Kolonialherrschaft in Nordnigeria hatte große politische Auswirkungen. Sie hat die kulturelle Entwick-

lung der Region durch das Aufpfropfen westlichen Lebensstils negativ beeinflusst.

4. Steinigung und Amputation wurden im Norden von den Briten aus dem Strafgesetzbuch entfernt, und dadurch wurde das islamische Recht in Nordnigeria verwässert.
5. Bemühungen, der Scharia wieder mehr Bedeutung zu verleihen, wurden in der Verfassungsgebenden Versammlung von 1978 vereitelt, da nicht genügend Moslems anwesend waren.
6. Der Gouverneur des Bundesstaates Zamfara, Alhaji Sani Ahmed, führte einige Aspekte der Scharia wieder ein, was heftige Debatten in Nigeria auslöste.
7. Wenn man die Scharia ohne Hass in Nordnigeria implementieren möchte, so sollten die Betroffenen einen offenen Dialog miteinander führen, wie das im Bundesstaat Kaduna der Fall war. Sowohl christliche als auch moslemische Führer sollten über ihre unterschiedlichen Auffassungen hinsichtlich der geltenden Gesetze diskutieren, um einander zu verstehen. Bis jetzt nehmen nur Politiker an dieser Debatte teil.

Vorschläge/Empfehlungen

1. Die sozioökonomischen Bedingungen für die Einsetzung der Scharia müssen verbessert werden, damit eine ausgewogenere Grundlage vorhanden ist.
2. Die Struktur des Scharia-Systems in Nordnigeria entspricht weder der Struktur vor der britischen Kolonialherrschaft in Nigeria noch der Struktur nach der Unabhängigkeit im Jahr 1960. 1960 bis 1999 war sie auf Personenrecht beschränkt, wobei die Briten darauf achteten, dass bestimmte Bestrafungen, die in der vorkolonialen Periode erlaubt waren, nicht stattfanden.

3. Das Volk muss über die Inhalte des islamischen Rechts unterrichtet sein, um Fehlverhalten aus Unwissenheit zu vermeiden.
4. Gerechte und belesene Beamte sollten das Gesetz anwenden, um Justizirrtümer zu vermeiden.
5. Höhere Regierungsbeamte und wohlhabende Personen fallen zurzeit nicht unter das Gesetz der Scharia.

Abdulkadir Imam Ibrahim (Esq.)
Mutunei Law Chambers
Februar 2003

Nachwort

Von Raffaele Masto

Die Tage, die ich mit Safiya in Sokoto und ihrem Dorf Tungar Tudu verbrachte, waren eine wertvolle persönliche und wichtige berufliche Erfahrung. Trotz der Sprachbarriere dauerte es nicht lange, bis wir uns problemlos verständigen konnten. Und es liegt vor allem an ihrer Präsenz, dass ich mich noch so gut an unsere erste Begegnung in der Kanzlei ihres Anwalts Abdulkadir Imam Ibrahim erinnern kann. Außer Safiya, dem Anwalt und mir waren auch noch Prince, der nigerianische Vermittler, der mich durch tausend Abenteuer dorthin geführt hatte, und der Hausa-Dolmetscher anwesend. Safiya spricht nur Hausa.

Imam saß an seinem Schreibtisch; Prince, der Dolmetscher und ich saßen davor. Safiya hockte, mit Adama in den Armen, auf einer Matte. Obwohl wir auf sie herunterblickten, wirkte sie nicht im Mindesten verlegen, sondern wiegte ihr schlafendes Baby und fixierte uns aus ihren hellen Augen. Ab und zu sagte der Dolmetscher etwas zu ihr, und sie antwortete sofort mit einem lebhaften, unverständlichen Wortschwall. Dabei gestikulierte sie mit den Händen oder grinste, je nachdem, was sie gerade von sich gab.

Sie schien sich recht wohlzufühlen, ich hingegen nicht. Ich grübelte darüber nach, wie ich diese Frau wohl dazu bringen könnte, mir von ihrem Leben zu erzählen, mir ihre Empfindungen und Gefühle während des Martyriums, das die Öffentlichkeit weltweit bewegt und mobilisiert hatte, zu schildern, ein Martyrium, das ihre Privatsphäre betraf und sicher ihr tiefstes Inneres berührt hatte.

Die kulturelle Kluft zwischen uns kam mir zu Bewusstsein, während ich die tatsächliche Distanz zwischen uns betrachtete. Da saß ich, in meinem Reportermantel und meinen Buschstiefeln auf dem Stuhl, und Safiya hockte mit Flip-Flops an den Füßen auf der Matte.

Aber Safiya blickte so vertrauensvoll zu mir auf, dass ich mich nach einer Weile ebenfalls mit ihr wohlfühlte. Ihre Persönlichkeit, ihre lebhafte Art, ihre Gesprächigkeit und Neugier – Eigenschaften, die in zahllosen kleinen Gesten deutlich wurden – bewirkten dies. Es sind Gaben, die nur wenig mit der bedrückenden Atmosphäre zu tun haben, die man seit Wiedereinführung der Scharia in einigen Staaten im Norden spürt. Die Scharia ist das islamische Gesetz, das Gesetz, das Frauen zwingt, im Hintergrund, fast unsichtbar zu bleiben.

Während ich Safiyas Geschichte lauschte, fragte ich mich oft, ob die Leser nicht vor der Last, die das islamische Gesetz der Gesellschaft aufbürdet, zurückschrecken würden. Die Tage, die ich in Sokoto und in Tungar Tudu verbracht habe, bestärkten mich noch in dem Glauben, der sich in den fünfzehn Jahren, in denen ich den afrikanischen Kontinent bereise, gebildet hatte. Jedes Ereignis muss in seinem Kontext gesehen werden. Damit meine ich, dass es mit der Gesellschaft, in der es sich zuträgt, verglichen und analysiert werden muss. Und dann muss man diese Gesellschaft mit anderen Gesellschaften, ähnlichen und unterschiedlichen, vergleichen.

Jetzt, wo ich dieses Buch geschrieben habe, gilt mein Dank dem fantastischen professionellen Instinkt von Marcella Meciani, die im Verlag stundenlang auf mich eingeredet hat, um mir klar zu machen, dass mein Wissen über Afrika und Afrikaner mir mehr helfen würde als alles andere. Sie hatte Recht, obwohl ich es zuerst nicht eingesehen habe.

Wenn man die Dinge im Kontext sieht, wird alles relativ. Unser Entsetzen über eine Bestrafung wie Steinigung zwingt uns, über Hinrichtungen auf dem elektrischen Stuhl oder durch tödliche Injektionen nachzudenken. Nichts macht Letzteres akzeptabler als Ersteres, abgesehen von der Tatsache, dass Steinigung aus dem Mittelalter stammt, während der elektrische Stuhl und Todesspritzen eher eine Erfindung der Neuzeit sind.

Polygamie, Verstoßung und die Rolle der Frauen müssen genauso reflektiert werden, aber zuvor sollten wir etwas über die islamische Gesellschaft erfahren. Vom ethischen und moralischen Standpunkt aus gibt es nämlich Aspekte, unter denen die islamische Gesellschaft der unseren überlegen ist.

Nach dem islamischen Gesetz darf sich zum Beispiel jemand, der Hunger hat, etwas zu essen stehlen, ohne dass er dafür bestraft wird. Moslems müssen ein Zehntel ihres Einkommens an die Armen geben; die Moschee ist mehr als ein heiliger Ort, sie ist auch Zuflucht für die Obdachlosen; es ist Sitte, bei Hochzeiten und Festen im Allgemeinen auch für diejenigen üppig den Tisch zu decken, die nichts zu essen haben; und niemand hat das Recht, beim Verleihen von Geld Profit aus den Zinsen zu ziehen.

Ich bin einmal mit einer Gruppe von Polisario-Rebellen durch die Westsahara gereist, und wir hielten an einer Oase, in der ein Mufti lebte. Er empfing Menschen, die bei ihm aufgrund seiner hervorragenden Kenntnisse des Korans Rat suchten. Ich durfte mich einen ganzen Tag lang als Gast in seinem Zelt aufhalten, was außergewöhnlich war. Er hatte gerade einer alten Frau sehr weise Worte mitgeteilt und machte eine Pause, in der er zu mir sagte: »Eine Religion, die Menschen nicht glücklich macht, hat nichts mit Gott zu tun.«

Wie immer sind es die politischen und ökonomischen Notwendigkeiten, die manche Scharia-Regeln so absurd machen. Das ist historisch gesehen immer so gewesen, auch bei unserer katholischen Religion. Man denke nur an die Inquisition in Europa und die Kolonisierung von Nord- und Südamerika. In Nigeria ist es genauso, und Safiya war in diese perverse Maschinerie geraten.

Um es einfacher auszudrücken, dieses Land – in dem ungefähr zweihundert verschiedene ethnische Gruppen leben, die häufig aneinander geraten – ist in drei Machtzentren aufgeteilt: den islamischen Norden, den Südwesten mit Lagos, der ökonomischen und kommerziellen Hauptstadt des Landes, und den reichen Südosten mit der Nigermündung und den Ölfeldern. Bis 1999 wurde Nigeria von einer Militärjunta vom islamischen Norden aus regiert. Große Teile des Ölprofits wurden von der Junta in ihr eigenes Gebiet transferiert, um dort mit Dämmen und Infrastruktur die Landwirtschaft zu stützen. Manchmal waren diese Maßnahmen unnötig, und es gab auch Zeiten, in denen die Gewinne lediglich die Schweizer Bankkonten von Generälen und anderen Politikern füllten. Bis dahin hatte niemand im Norden je daran gedacht, die Scharia, das islamische Gesetz, wieder einzuführen. Der Wendepunkt kam 1999, als mächtige westliche Lobbys, vor allem aus den Vereinigten Staaten, für die ersten demokratischen Wahlen sorgten, und Olusegun Obansanjo, ein Christ aus dem Süden und ehemaliger General, an die Macht kam.

Damit war die Party für den Norden vorbei. Der neue Präsident versprach zwar eine gleichmäßige Verteilung des Reichtums, drohte jedoch vor allem damit, die Privilegien der

Politiker und Militärs im Norden zu kappen. Diese nutzten Nigerias Status als Bundesrepublik und drängten die Gouverneure der nördlichen Bundesstaaten, das islamische Gesetz einzuführen.

Das war eine Art von Erpressung, eine Drohgebärde gegenüber der Zentralregierung, die in den Augen der Welt für alles verantwortlich ist, was im Land geschieht, und somit auch für das barbarische Steinigen von Ehebrecherinnen. Safiyas Verurteilung rief ebenso wie das spätere Urteil gegen Amina Lawal im Bundesstaat Katsina offizielle Proteste und Petitionen hervor, und führende Regierungsmitglieder drohten mit Sanktionen. Alle richteten sich an Obasanjo, der zusehen musste, wie seine Macht und Nigerias Image in Misskredit gerieten. Zugleich war er gezwungen, die Forderungen aus dem Norden zu berücksichtigen, und zum wiederholten Mal die Politiker des reichen Südostens aufzufordern, ihre Ölgewinne mit dem Rest des Landes zu teilen, was diese jedoch nicht ganz grundlos für ineffizient und korrupt hielten.

Und schon nach kürzester Zeit war Nigeria ein geteiltes Land, von Unruhen erschüttert.

Bei einer Reise durch das Landesinnere bemerkt man das sofort. Um in Safiyas Dorf zu gelangen, mussten wir quer durch das ganze Land fahren. Schließlich kamen wir in Lagos an, einer der größten Städte in Afrika, ein Moloch mit so viel Verkehr, dass die Stadt jeden Tag buchstäblich paralysiert ist.

Paradoxerweise ist das jedoch nicht schlecht, weil die meisten der unzähligen wirtschaftlichen Aktivitäten in der Stadt entlang den von Abgasen verpesteten Straßen stattfinden. Wenn man dort im Stau steht, sieht man innerhalb kürzester Zeit die gesamte Warenkollektion eines riesigen Supermarkts. Und jeder Körperteil ist gut, um darauf Waren zu transportieren. Jeder einzelne Junge ist beladen wie eine ganze Ladentheke, und schaut man auch nur ein wenig zu interessiert hin, dann kommt die menschliche Theke sofort angerannt und preist ihre Produkte an. So kann die Wirtschaft im Stau florieren.

Um Nigeria zu verstehen, muss man unbedingt für ein paar Tage nach Lagos. Aber Lagos alleine ist nicht Nigeria.

Im Osten liegt Biafra, der Schauplatz eines der blutigsten Kriege in Afrika. Die östlichen Regionen an der Nigermündung repräsentieren mit ihren Ölfeldern den Reichtum Nigerias. Dieser Reichtum hat die lokale politische Führung schon immer mehr oder weniger öffentlich überlegen lassen, ob sie sich nicht vom Rest des Landes trennen sollte, zumal dieser in ihren Augen, wie schon erwähnt, ineffizient und rückständig ist. Und genau das war der Grund dafür, dass 1976 der Krieg in Biafra ausbrach. Die Abspaltungsbestrebungen wurden zerschlagen, aber in den wenigen Monaten des Konflikts verloren mindestens eine Million Menschen das Leben.

Heute herrschen die größten Widersprüche Nigerias zwischen dem armen moslemischen Norden und dem reichen christlichen Süden. Fährt man nach Norden, so kommt man sich beinahe vor wie auf einem anderen Kontinent. Zuerst muss man mit dem Flugzeug nach Kano – der Hauptstadt im Norden, die ungefähr fünf Millionen Einwohner hat, wobei die Christen gegenüber den Moslems in der Minderheit sind. Dort sterben die meisten Menschen, wenn religiöse Konflikte ausbrechen. Und es kommt häufig zu Konflikten: Der letzte Zusammenstoß während der Wahl zur Miss World forderte mindestens zweihundert Todesopfer.

Der eigentliche Unterschied zwischen dem Norden und dem Süden wird jedoch deutlich, wenn man aus Kano herausfährt. Die Flugverbindungen sind schlecht, also fährt man am besten mit dem Auto. Es gibt nur einen Flug pro Woche nach Sokoto, und wenn man den Staat, in dem der Sultan lebt – dem die Emire der Nachbarstaaten unterstehen –, rasch erreichen will, so bleibt einem nichts anderes übrig, als sich ein Auto zu mieten, Fahrer inbegriffen, und sich auf eine lange Fahrt einzustellen.

Das einzige Auto, das man mieten kann, ist ein Peugeot 405, der offizielle Wagen in ganz Westafrika. Ein paar Kilometer außerhalb von Kano fällt einem schon auf, dass die Frauen sich anders kleiden. Ihre Kleidung sieht ein bisschen so aus wie in Syrien oder Jordanien.

Vergessen Sie am besten den schicken bunten Kopfputz, den die Frauen im Süden mit so viel künstlerischem Flair tragen. Hier tragen die Frauen Schleier, und im Gegensatz zu den Städten und Dörfern im Süden fahren sie nicht Auto und sie schreien auch nicht auf der Straße. Der Islam zwingt die Frauen, sich unauffällig und still zu verhalten. Es gibt jedoch viele andere Dinge, die einen auf der Straße nach Sokoto wach halten.

Der Fahrer, der ruhig und zuverlässig wirkte, als Sie ihn engagierten, tritt aufs Gaspedal und jagt den Wagen durch die Schlaglöcher. Manchmal weicht er auch auf die andere Straßenseite aus, um die Stoßdämpfer zu schonen, und verfehlt um Haaresbreite andere Idioten, die genauso rasen wie er.

Der Grund für dieses russische Roulette ist wirtschaftlicher Natur: Wenn es ihm gelingt, Sie nach Sokoto zu bringen und wieder nach Kano zurückzukehren, bevor die Nacht anbricht, kann er am nächsten Tag wieder engagiert werden. Wegen physiologischer Notwendigkeiten oder Nahrungsaufnahme wird nicht angehalten, nur bei höherer Gewalt. Dafür sind die zahlreichen »Straßensperren« von Soldaten, Polizisten und den unzähligen Privatpolizisten, eine Art Mafia, die das Gebiet kontrolliert, ein gutes Beispiel. Die Furcht erregendste Gruppe trägt den erschreckenden Namen »Feuer um Feuer«.

Im Preis für Wagen und Fahrer sind bereits die »Trinkgelder« enthalten, die er an diesen Straßensperren bezahlen muss. Das funktioniert so: Ein Polizist, der sichtbar mit einem geladenen Maschinengewehr bewaffnet ist, hält den Wagen an und stellt alle möglichen Fragen, während ein anderer lässig den Lauf seiner Kalaschnikow durchs Fenster hält.

In der Zwischenzeit zählt der Fahrer das Geld ab, und wenn er es dem Polizisten in die Hand gedrückt hat, kann er weiterfahren. Halten einen die Polizisten nicht an, muss man trotzdem langsamer fahren, die Münzen aus der Hosentasche ziehen und sie im Vorbeifahren vor ihnen auf den Boden werfen. Da sie nicht jedes Auto anhalten können, ist das eine angenehme Art für sie, trotzdem an ihr Geld zu kommen.

Alle Bundesstaaten, die man zwischen Kano und Sokoto durchquert, werden von der Scharia, dem islamischen Gesetz beherrscht: Kaduna, Katsina, Zamfara. Schließlich erreicht man Sokoto, Nigerias nordwestlichsten Bundesstaat. Die Hauptstadt gleichen Namens ist nicht viel mehr als eine Kleinstadt mit einer großen Moschee im Zentrum und so gut wie gar keinem Autoverkehr. Es gibt allerdings zahlreiche Fahrräder und Mopeds.

Der Islam ist spürbar und auch der Kontrast zwischen der Religion und der Afrikanität der Menschen. Sie können ihre Vorliebe für leuchtende Farben und das gemächlichere Leben in wärmeren Regionen einfach nicht leugnen. Entlang der Straße werden bunte Matten und bestickte weiße Kappen, die traditionelle Kopfbekleidung gläubiger Moslems, verkauft. Die Frauen tragen zwar Schleier, aber ihre Kleider sind oft aus bunten Stoffen. Ihre Art, sich zu bewegen, passt nicht ganz zu ihrer nüchternen Kleidung.

Die politische Bedeutung des Islam sieht man an den offiziellen Bildern, die in Läden und auf öffentlichen Plätzen hängen. Das einzige Bild in Lagos ist das des Präsidenten Obasanjo; in Sokoto gibt es jedoch drei, manchmal auch nur zwei: ein großes vom alten Sultan, weiß gekleidet mit seinen Koranperlen in der Hand, ein kleineres vom Gouverneur des Bundesstaats, und manchmal ein noch kleineres von Obasanjo.

Von Sokoto aus erreicht man in ungefähr drei Stunden mit dem Auto Safiyas Dorf. Es liegt mitten im Busch. Hier, weit weg von der Stadt, spürt man den Islam und auch die politischen Spannungen nicht mehr so. Wenn man die staubigen Pfade entlanggeht, kann man sich nur schwer vorstellen, dass ein so kleines Dorf in den Fokus internationaler Aufmerksamkeit geraten konnte. Aber das ist tatsächlich geschehen, und der Beweis dafür ist das Verhalten der Kinder Fremden gegenüber: Sie haben weder Angst noch sind sie besonders neugierig. An diese Art von Ablenkung sind sie anscheinend gewöhnt.

Safiya und Tungar Tudu wurden zu einem politischen Werkzeug. Zu einer Variablen im Gleichgewicht der Macht in einem Land wie Nigeria, einem afrikanischen Giganten, der die religiöse Spannung zwischen Islam und Christentum mit allen Ländern der afrikanischen Sahel gemeinsam hat.

COOPIS Mission in Nigeria

Sperling & Kupfers Angebot, ein Buch über Safiyas Geschichte schreiben zu lassen, traf genau in dem Moment ein, als unsere Organisation vorhatte, die Möglichkeit von Interventionen in Nigeria zu erforschen. Es überraschte uns, dass ein Verlag sich Gedanken darüber machte, ob er ein Buch verlegen könne, das nicht in das zukünftige Leben des Protagonisten eingriff. Von Anfang an war es eine Herausforderung. Das Buch will die Öffentlichkeit auf die Lebensbedingungen der Frauen in Nigerias islamischem Norden aufmerksam machen; hinzu kommt, dass ein Teil der Erlöse aus dem Buch für Entwicklungs- und Kooperationspläne in Nigeria genutzt wird. Und hier tritt unsere Organisation auf den Plan und stellt in enger Zusammenarbeit mit dem Autor und dem Verlag ihr Wissen zur Verfügung. Jahrelange Erfahrung in Afrika, Asien und Lateinamerika haben uns mit vielen lokalen humanitären Organisationen zusammengebracht. Vor allem in diesem Fall trafen wir auf eine beeindruckende Zahl von Organisationen, die sich bereits für Safiya stark gemacht hatten.

Von Menschenrechtsorganisationen wie Baobab, die Safiya wertvolle rechtliche Unterstützung gaben, bis hin zu WRAPA (Women's Rights Advancement and Protection Alternative), die Hilfe direkt in Safiyas Dorf schickten, und anderen Organisationen, die zwar nicht direkt beteiligt waren, aber aktiv an der Verbesserung der Rolle der Frau in der Gesellschaft arbeiten: Adolescent Girl Project (AGP), Women Support and Development Initiative (WOSDI), Rural Women and Youth Development (RUWOYD) und Path Advocacy for Better Conditions for Alamajiris. Mit diesen Organisationen arbeiten wir zusammen, um die Erlöse aus dem Buch so effizient wie möglich zu verwenden. Diese Organisationen sind vor Ort aktiv, und sie sind sich der sozialen und politischen Zustände bewusst.

Weltweit spielten die Medien und Hilfsorganisationen eine wesentliche Rolle in Safiyas Geschichte, und besondere Unterstützung erhielt sie durch Organisationen von Frauen für Frauen.

Während unserer Mission mit dem Autor des Buches in Sokoto trafen wir auf eine Reihe von Organisationen, deren Schwerpunkt die besonderen Bedürfnisse dieser Region sind. Sie brachten uns die erforderlichen Hilfsmaßnahmen nahe und legten Pläne vor, wozu die Mittel, die wir in Italien sammeln konnten, verwendet werden sollten.

Große Bedeutung haben Zuschüsse für unternehmerische Aktivitäten. Die Zahl der weiblichen Unternehmer ist beeindruckend und festigt unseren Glauben, dass Frauen ein Kernelement in der Entwicklung südlicher Länder sind. Zum Beispiel kann eine Maschine, mit der man Öl aus Erdnusspaste gewinnt, einer Gruppe von Frauen helfen, ihr Einkommen zu steigern, indem sie Erdnussabfallprodukte herstellen und die Maschine weitervermieten. Die Erlöse werden dann unter den Mitgliedern der Kooperative aufgeteilt oder dazu verwendet, die Produktion zu steigern.

Ein wesentlicher Faktor ist die Ausbildung von Frauen, damit sie ihre Isolation durchbrechen und ein aktiver Teil der

Gesellschaft werden können. Man kann unterschiedliche Kurse anbieten, damit jede Frau sich traditionell betätigen kann (Holzverarbeitung und Schnitzen, Schneidern und Nähen, Ackerbau, Gerben).

Wir besprachen jedes einzelne Vorhaben ausführlich mit dem lokalen Komitee, zumal es wichtig ist, dass neben der rein technischen Ausbildung auch Informationsveranstaltungen zum Thema Menschenrechte, Gesundheit (Verhütung sexuell übertragbarer Krankheiten, Schwangerschaft, Entbindung, Nachsorge) und zu rechtlichen Aspekten im Hinblick auf Gewalt gegen Frauen stattfinden. Wir planen auch, Lehrer auszubilden, die jedes noch so entlegene Dorf erreichen können.

Unsere Kontakte zu den Organisationen vor Ort beruhen auf einem ständigen Dialog und Vergleich. Im Moment ist es wesentlich, die Mittel aufzubringen, um Aktivitäten in der nahen Zukunft realisieren zu können, damit alle Safiyas in Sokoto ihre Ambitionen verwirklichen können.

Über COOPI

COOPI – Internationale Kooperation ist eine der bedeutendsten nicht staatlichen Organisationen Italiens. 1965 wurde sie gegründet. Sie gibt ungefähr zwanzig Millionen Euro jedes Jahr für Entwicklungspläne und Katastrophenhilfe aus. 50 Mitarbeiter in Italien, 120 italienische und europäische Mitarbeiter im Ausland und 1600 Personen vor Ort arbeiten an 126 Projekten in 36 Ländern in Afrika, Lateinamerika, Asien und den Balkanstaaten. Mit einem lokalen Netz von Freiwilligen organisiert COOPI Aktivitäten, um interkulturelles Verständnis und Austausch anzuregen – auch in Italien.

Unsere Ziele:

COOPI bekämpft die Ursachen von Armut und sozialer Ungerechtigkeit und möchte eine Welt schaffen, die jedem Würde, Menschenrechte und Chancengleichheit garantiert.

Unsere Prinzipien:

– Vor Ort mit lokalen Organisationen zusammenzuarbeiten, um Probleme zu verstehen und zusammen Lösungen zu finden.
– Die Effektivität und Durchführbarkeit von Hilfsmaßnahmen durch professionelle Kompetenz und Entwicklungsfähigkeiten unserer Mitarbeiter zu garantieren.
– Unterschiedliche Kulturen zu fördern, weil sie die Hauptantriebskraft für die Entwicklung von Gemeinschaften sind.

Unsere wichtigsten Aktivitäten:

– Gesundheit: Wir möchten schwächere Gemeinschaften stärken, indem wir die Gesundheitsversorgung für Mutter und Kind verbessern. Unser besonderes Augenmerk liegt dabei auf der Prävention.
– Wasser: Wir möchten dafür sorgen, dass Wasser für Menschen und Tiere sowie für den Ackerbau zugänglich ist, und unterstützen den autonomen Umgang mit Wasserressourcen und Wasserfiltern.
– Ausbildung: Wir fördern Ausbildung und professionelles Training, um ökonomische Unabhängigkeit und langfristige Entwicklung von Gemeinschaften herzustellen.

Katastrophenhilfe:

COOPI hilft Völkern bei Konflikten oder Naturkatastrophen. Wir stellen Nahrungsmittel und Material, medizinische und psychologische Hilfe sowie Hilfe beim Wiederaufbau von Häusern und öffentlichen Infrastrukturen zur Verfügung. Zusätzlich organisiert COOPI Trainingsprogramme für die Prävention und den Umgang mit Umweltkatastrophen. Auch in Notfällen denkt COOPI daran, welche Maßnahmen danach entwickelt werden müssen, wobei wir besonders auf den Kontext achten, in dem wir arbeiten.

COOPI in Italien:

Jeder kann zum Aufbau einer gerechteren und friedlicheren Zukunft beitragen. Dabei ist es wichtig, sich der engen wechselseitigen Abhängigkeit zwischen Norden und Süden der Welt bewusst zu sein und um die eigentlichen Ursachen für Armut, Krieg und soziale Randstellung zu wissen.

Mit seinen lokalen Niederlassungen und der Unterstützung zahlloser Freiwilliger organisiert COOPI Bewusstsein und Ausbildung in ganz Italien und fördert kulturellen Austausch.

– Training: Kooperationskurse für Freiwillige, Abschlüsse in Kooperation und Entwicklung
– Entwicklungsausbildung: Informationskampagnen, Informationsveranstaltungen in Schulen, das polyethnische Theaterfestival *Altrofestival* und *COOPIEstate.*
– Sammeln von Spenden und Initiativen in Zusammenarbeit mit Konzernen, um unsere Aktivitäten zu finanzieren.
– Verantwortungsbewusster Tourismus: Reisen, um etwas über Pläne, Gemeinschaften und Länder zu erfahren, in denen COOPI arbeitet.

COOPI – Cooperazione Internazionale
Via de Lemene 50 – 20151 Milano
Tel. 00390230850057 – Fax 00390233403570
www.coopi.org
coopi@coopi.org

Wenn Sie uns unterstützen möchten:
Bankverbindungen:
Postale n. 990200
Bancario n. 102369, Banca Etica – ABI 04018, CAB 12100
Intestati a COOPI, Via de Lemene 50 – 20151 Milano

Tatmotiv: Ehre

Nach weltweiten Protesten, an denen sich auch TERRE DES FEMMES beteiligt hatte, wurde Safiya Hussaini Tungar Tudu wegen Formfehlern vom Scharia-Berufungsgericht freigesprochen. Dennoch wurde im selben Monat erneut eine Nigerianerin wegen Ehebruchs zum Tod durch Steinigung verurteilt: Amina Lawal. Die alleinstehende, geschiedene Frau hatte ein Kind bekommen. TERRE DES FEMMES protestierte mit anderen internationalen Organisationen gegen das Urteil, tausende Frauen baten in Briefen um Amina Lawals Leben. Wir sammelten 18 000 Unterschriften und überreichten sie im Februar 2003 der nigerianischen Botschaft in Deutschland. Ende September wurde Lawal freigesprochen.

Die beiden Fälle sind nur die Spitze des Eisbergs. Auch heute warten Menschen in nigerianischen Gefängnissen auf ihre Hinrichtung. Und immer wieder erreichen uns aus anderen Ländern Berichte von Steinigungsurteilen.

Die Steinigung wird oft verhängt, um von der vorgegebenen Norm abweichendes Verhalten wie Ehebruch, Homosexualität oder Prostitution zu bestrafen. Solche Urteile treffen vor allem Frauen. Laut der Internationalen Gesellschaft für Menschenrechte (IGFM) trafen 17 der 25 im Iran zwischen Mai 1997 und Anfang 2003 vollzogenen Steinigungsstrafen Frauen.

Männer werden oft aus Mangel an Beweisen freigesprochen. So kann zum Beispiel ein Mann nach der Scharia nur wegen Ehebruchs verurteilt werden, wenn vier männliche Zeugen dies bestätigen. Bei einer Frau nimmt mancher Richter bereits die Schwangerschaft als Beweis.

Der Scharia und den diskriminierenden Beweisverfahren liegen traditionelle, patriarchalische Ehrvorstellungen von Schande und Unreinheit zugrunde. Mädchen oder Frauen, die sich nicht nach dem traditionellen Rollenbild keusch oder zurückhaltend verhalten, verletzen die Ehre der Familie, des Clans oder der gesamten Gemeinschaft. Ihnen droht der Tod.

Auch in Deutschland werden Migrantinnen wieder in die Schranken der alten Ehrenkodizes verwiesen und ihnen die Verantwortung für die Familienehre aufgebürdet. In der Folge werden Mädchen bedroht, geschlagen, eingesperrt oder zwangsverheiratet, wenn sie selbst über sich bestimmen oder einfach wie ihre deutschen Freundinnen leben möchten. Allein im Jahr 2003 kümmerte sich TERRE DES FEMMES um 79 Fälle. Wir fordern deshalb mehr Beratungsstellen und Notaufnahmen in Deutschland sowie bessere Integrationsmaßnahmen für MigrantInnen.

Was die Steinigung angeht, für TERRE DES FEMMES zählt sie, sei sie nun in Selbstjustiz oder staatlich legitimiert begangen, zu den Verbrechen im Namen der Ehre. Sie ist wie Ehrenmord oder Zwangsheirat eine schwerwiegende Menschenrechtsverletzung, die im Gegensatz zu fundamentalen Rechten steht, wie sie in der Allgemeinen Erklärung der Menschenrechte (1948) und dem Internationalen Übereinkommen zur Beseitigung jeder Form von Diskriminierung der Frau (CEDAW, 1981) festgelegt sind.

TERRE DES FEMMES möchte die Menschen aufrufen, sich gegen frauenfeindliche Traditionen zu wehren. Wir starten wie im Fall der Nigerianerinnen Unterschriften- und Briefaktionen, um das Leben dieser Frauen zu retten. Mit Kampagnen gegen Ehrverbrechen wie Zwangsheirat, Ehrenmord, Mitgiftmord oder Steinigungen informieren wir über die kulturellen Hintergründe. Und wir zeigen auf, wie jeder und jede helfen kann – egal ob in Deutschland oder in anderen Ländern. Zudem setzen wir uns für wirksame Gesetze zur Verurteilung der Täter ein, unter anderem beim europäischen Projekt »Shehrazad«.

Wie Safiya Hussaini Tungar Tudu werden immer wieder ehemalige Opfer zu Aktivistinnen. Die Türkin Serap Cileli, Autorin eines Buches gegen Zwangsheirat, unterstützt unsere Kampagnen. Die Kosovo-Albanerin Hanife Gashi, deren 16-jährige Tochter mitten in Deutschland von ihrem Vater wegen der Ehre ermordet wurde, setzt mit ihren Buch »Mein Schmerz trägt deinen Namen« ein Zeichen gegen den männlichen Terror in vielen Migrantenfamilien.

Das gemeinsame Engagement zeigt Wirkung. Der deutsche Bundestag verabschiedete 2001 einen Antrag zur weltweiten Ächtung von Verbrechen im Namen der Ehre. Ende Oktober 2004 beschloss der deutsche Gesetzgeber, Zwangsverheiratung als besonders schweren Fall der Nötigung zu ahnden. Und: türkische Frauen verhinderten im September 2004 erfolgreich, dass die Türkei den Straftatbestand des Ehebruchs wieder einführte.

Unsere Vision ist es, dass alle Frauen und Mädchen selbst bestimmt und frei leben können – egal aus welcher Kultur und welchem Land sie kommen. Wir hoffen mit Safiya Hussaini Tungar Tudu, dass ihre Erinnerungen und Gedanken uns diesem Ziel näher bringen.

Christa Stolle, Terre des Femmes
November 2004

Weitere Informationen bei:

Terre des Femmes
Postfach 2565
72015 Tübingen
Tel. 0 70 71/79 73-0
Fax 0 70 71/79 73-22
E-mail: tdf@frauenrechte.de
www.frauenrechte.de

Spenden bitte an: Kreissparkasse Tübingen · Konto 881 999 · BLZ 641 500 20

Danksagung

Dieses Buch wäre ohne das großartige professionelle Gespür von Marcella Meciani nie erschienen. Es war ihre Idee, Safiyas Geschichte zu erzählen, und sie hat stundenlang im Verlag Sperling & Kupfer auf mich eingeredet, um mir klar zu machen, dass ich ein Buch daraus machen könnte. Jetzt, wo es gedruckt vorliegt, hat sie mich endgültig überzeugt. Mein tiefster Dank gilt ihr.

Ich möchte dem gesamten Verlag für seine Unterstützung danken, insbesondere Carla Tanzi, die von Anfang an daran glaubte und damit einverstanden war, dass sich ein weltweiter Solidaritätskampf aus diesem Projekt entwickelte.

Mein Dank gilt Elisabetta Albieri, die jedes einzelne Kapitel geduldig und sachkundig gelesen hat, und Edi Vesco für seine sensible Bearbeitung des Textes. Ich habe mich oft gefragt, ob er Safiya wohl schon vor mir gekannt hat.

Danke an Prince Alum, den ostnigerianischen Vermittler, der mit mir nach Sokoto und Tungar Tudu gefahren ist. Wir hatten viel Zeit für lange Gespräche, die es mir ermöglichten, den Hintergrund von Safiyas Geschichte besser zu verstehen.

Mein Dank auch an Michele Romano, den Vorsitzenden von COOPI, weil er das Projekt mit der Erfahrung und dem Know-how seiner humanitären Organisation unterstützt hat. COOPI ist ein seltenes Beispiel dafür, wie ein Non-Profit-

Unternehmen profitabel arbeiten und seine Ziele positiv beeinflussen kann.

Danke auch an die Nigerianische Botschaft in Italien, vor allem an H.R. Imrana, Botschaftsrat des Nigeria Information Service Centre. Seine wertvollen Anregungen ermöglichten es uns, selbst schwierige Probleme richtig anzugehen.

Und schließlich möchte ich Stephanie Gengotto für ihre Hilfe während Safiyas Reise nach Rom im Jahr 2002, wo alles begann, danken.

SOUAD
bei Blanvalet

Bei lebendigem Leib

287 Seiten

Souad ist ein Mädchen von siebzehn Jahren, als ihre Eltern sie zum Tode verurteilen. Weil sie schwanger wurde, hat sie Schande über die Familie gebracht – was im Westjordanland einen »Ehrenmord« rechtfertigt. Ihr Schwager vollstreckt das Urteil. Er übergießt die junge Frau mit Benzin und verbrennt sie bei lebendigem Leib.
Wie durch ein Wunder hat Souad den heimtückischen Ehrenmord-Anschlag überlebt. Nun legt sie Zeugnis ab – im Gedenken an die zahllosen Mädchen und Frauen, die nicht so viel Glück hatten wie sie. Und um die Weltöffentlichkeit auf diese grausame archaische Tradition hinzuweisen.

»Eines des wichtigsten Bücher des neuen Jahres!«
Tilman Jens in ZDF-aspekte